赤城山大間々扇状地と渡良瀬川用水

大間々扇状地(みどり市教育委員会提供)

赤城山と渡良瀬川(桐生市広沢町昭和橋)

黒曜石製鎗先形尖頭器
(岩宿遺跡出土)

相澤忠洋胸像(岩宿博物館)

透彫付土製耳飾り
（桐生市教育委員会提供）

千網谷戸遺跡出土
みみずく土偶
（桐生市教育委員会提供）

太田天神山古墳（太田市教育委員会提供）

（国宝）武人埴輪
（東京国立博物館所蔵
Image：TNM Image Archives）

新田義貞像(新田荘歴史資料館)

太田金山城跡

岡上景能像(岩宿博物館)

世良田東照宮

太田頭首工(桐生市広沢町)

新田堀沈砂池(広沢町7丁目)

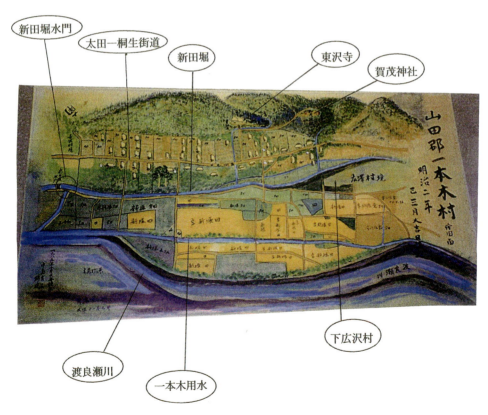
一本木村絵図(明治2年)

赤城山大間々扇状地と渡良瀬川用水

目　次

第1部　大間々扇状地
　1．扇状地の生みの親 …………………………………………… 2
　2．日本史を塗り替えた岩宿遺跡 ……………………………… 9
　3．縄文時代の耳飾り …………………………………………… 17
　4．東日本最大の古墳 …………………………………………… 25
　5．新田荘と新田義貞 …………………………………………… 31
　6．戦国時代の由良氏 …………………………………………… 39

第2部　待矢場両堰
　7．新田堀と休泊堀の普請 ……………………………………… 50
　8．館林藩と用水 ………………………………………………… 60
　9．未完の岡上用水 ……………………………………………… 69
　10．大間々扇状地を歩いた江戸の旅人 ………………………… 76
　11．明治時代の用水 ……………………………………………… 85
　12．足尾銅山の光と影 …………………………………………… 94
　13．今日の太田頭首工 …………………………………………… 105

第3部　ケーススタディー
　14．一本木村 ……………………………………………………… 116
　15．渡良瀬川 ……………………………………………………… 128

　あとがき ………………………………………………………… 138

第1部　大間々扇状地

第1部　大間々扇状地

1．扇状地の生みの親

　赤城山は榛名山、妙義山と並んで上毛三山と称えられる。大沼・小沼・覚満淵などからなるカルデラを囲んで鍋割山・荒山・地蔵岳・長七郎山・駒ヶ岳・黒檜山・鈴ケ岳などの峰々からなる複成火山である。
　その標高は、カルデラ湖の大沼付近が1300メートル前後、最高峰の黒檜山は1828メートルである。
　標高800メートル辺りまでは広く穏やかな裾野の高原大地をなしている。これは富士山に次ぐ日本では2番目に相当する総円周の長さだという。
　このため上毛かるたでは、「すそ野は長し赤城山」と詠まれる。確かに前橋市や桐生市から赤城山を眺望すると、流麗な長い裾野が目に入る。何とも優美な山である。
　群馬を代表する民謡・八木節の一節に「♫お国自慢は数々ござる　四季の眺めは色とりどりで　赤城榛名に妙義の山よ…」とある。
　多くの群馬県人にとって赤城山は故郷を代表する山なのである。
　この赤城山の南東部に広がるのが大間々扇状地である。裾野のその先に広がる緩やかな傾斜地で、日本有数の広さと規模である。
　この大間々扇状地は赤城山、榛名山、浅間山などの大噴火と造山活動、渡良瀬川の自由奔放な流れが、ほぼ十万年という歳月をかけて造成したものである。
　大間々扇状地に触れる前に、扇状地とはどのように造成され、どのような性質のものなのかについて簡単におさらいしておこう。

　扇状地は山地で砂礫（されき）を大量に含んだ河川水が、山地を抜けたところで砂礫を急に手放すことで生じる。この砂礫堆積の要因は、山地とその下流部の、河川の断面形状に違いがあることに由来する。
　山地の河川は両岸が谷壁で挟まれているため、洪水時には急激に水深が上昇する。河川が砂礫を運ぶための力である掃流力は、水深が大きいほど、流れが速くなるほど強くなる。そのため、山地の河川では洪水時に大量の砂礫を運搬することができる。

しかし、河川が山地を抜けて広範な平地に出ると、それまで両岸にあった谷壁がなくなるため、川幅を広げることができ水深が浅くなる。流速も同じで小さなものになる。また、扇状地は砂礫の堆積した地質であるため、河川の流水が地下に浸透して流量もさらに小さくなる。

　そのため、平地に出た河川は急激に掃流力が小さくなることで砂礫を移送できなくなり、扇頂部から砂礫を堆積するようになる。

　平地部にある河道で堆積が進むと、その付近の河床が高くなり、次第に越流して両岸に礫質の自然堤防を形成する。この自然堤防の一部が破堤すると、そこから洪水流が周囲の低い土地を流れるようになり、河道が変更される。

　このようにして、周りより低いところを選んでの河道変更が何度も繰り返されると、山地の出口を扇の要として、土砂が平地側の全方向にまんべんなく積もり、扇状地ができあがる。

　上空から見た地勢形状が扇子の形と似ていることからこの名がつけられ、その頂点を扇頂、末端を扇端、中央部を扇央という。

　扇状地は地図上ではきれいな扇型の等高線を描くが、その上にはいくつもの旧河道が扇の骨のように放射状に並んで跡を残している。そのため完全に平らではなく、小さな起状が微地形として残される。

　扇状地を形成している堆積物は大小さまざまな礫を含んでいて、総じて水を通し易い性質を有している。そのため、扇央部から上部では河川水のかなりの割合が地下へ浸透してしまい、多くは地下水となる。この結果、扇央部にある地上の河川の流量は減り、場合によっては水を失い、地上の川が水無川になることもある。

　日本列島は中央部に大きな山脈が連なり、多くは火山活動を行ったいわゆる火山であるため、全国至るところに大なり小なりの扇状地が存在する。

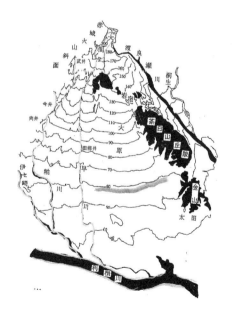

図1-1　大間々扇状地

第1部　大間々扇状地

　一般に、関東平野では関東ローム層が厚く堆積しているといわれる。火山灰土が堆積したものだが、降り積もっただけのものではないらしい。

　降り積もった灰土が強い偏西風などに巻き上げられて、細かい風塵があらためて吹き寄せられて堆積する。色は赤褐色系で粘土質の性質を持つ。ローム層は微酸性で土としての栄養分は豊富とはいえず、その上に堆積した「黒ボク土」と呼ばれる腐植土が養分を豊富に含む。

　赤城山・榛名山・浅間山などの火山が大間々扇状地の父だとすれば、直接生みだしたのは母なる渡良瀬川である。

　栃木県日光市足尾町はかつて銅山として知られた町である。江戸時代初期に、農民によって銅鉱脈が発見されたことから銅山としての歴史が始められた。

　この足尾町周辺の2000メートル級の皇海山、庚申山あたりを水源としているのが渡良瀬川である。源流の小さな流れは、左右の赤城山や日光連山などからいくつもの支流を集め、次第に水量を増しながら渓谷を流れ下り、大間々の高津戸峡を過ぎて、桐生のあたりでようやく穏やかな中流の流れとなる。

　現在では渓谷の途中に、草木、水沼、高津戸の3か所にダムが設けられ、その先の大小の支流にも各所に砂防ダムが造成され、野生の川がもつ荒々しい精気はすっかり抜かれてしまい、あたかも去勢されたようにおとなしい川となってしまった。

　だが、明治期までは坂東太郎（利根川）第一の子分ともいうべき暴れ川で、ほとんど2年をおかずに氾濫が起きていた。川の氾濫は流域の人々を苦しめたが、反面豊穣で肥沃な土壌の恵みをもたらすものであった。

　川にも歴史があり、いくつもの変遷を経て、姿も流路も変えて今日に至っている。渡良瀬川の歴史履歴をアバウトながらまとめてみると、

・数万年前の太古の時代には渡良瀬川は大間々の高津戸峡を過ぎたあたりで、現在の流路とは異なり、大間々扇状地の中央を縦横無尽に流れていた。そして末流は現在の埼玉県本庄市付近で利根川と合流していたと考えられる。
・あるとき、突然大きな地殻変動が起き、あるいは火山活動の結果、流路

が大きく東進して現在と同じく桐生市付近に流れを変えた。それが何時なのかはわからない。縄文時代の海進期には、現在の館林市や板倉町付近まで海が広がっていた。

・奈良時代には、上野国（群馬県）と下野国（栃木県）の国（県）境を流れていた。後述する矢場川付近が渡良瀬川の本流であった。そして巴波川や思川と合流して、現在の江戸川に近い流路で東京湾へ流れ込んでいた。利根川の支流ではなかった。

・現在のように古河市の下流で利根川と合流し、房総半島の銚子付近で太平洋へ流れるようになったのは、江戸時代に入ってからで徳川家康と幕府による東遷河川改修の結果である。

となるが、以上の基礎知識を踏まえて、大間々扇状地の地図を見ながら解説してみよう。

その地勢上の特徴を箇条書き風に列挙すると、

① 大間々扇状地の扇の要に相当する扇頂部にあるのが、みどり市の大間々および笠懸町岩宿あたりである。この付近の標高はほぼ150メートルである。ちなみに大間々の間々とは、渡良瀬川の浸食によって削られた崖の意で、人間々はその台上にある町である。

図1-2　大間々扇状地
（みどり市教育委員会提供）

② 扇頂部付近には鹿田山や琴平山が残され、そのやや東南部に八王子（茶臼山）丘陵、金山など200〜300メートルクラスの丘陵が取り残されたように横たわっている。金山以南は一望千里ともいうべき関東平野が広がっていて東京湾に至るまで山らしい山は存在しない。

③ 現在の渡良瀬川はこの八王子丘陵の東側を流れている。だが過去十万年という長い時間スパンでみれば、多くは大間々扇状地の中央部を自由自在に流れていたと考えられる。

④　この扇状地の扇端部は西から東へ流れる利根川である。
　　扇頂部の標高はほぼ150メートル、扇端部は40メートル程度で、平均1キロメートルあたり数メートル程度の勾配をもった緩やかな傾斜地である。
⑤　扇頂から扇状地の中央部辺りまでは、渡良瀬川によって運ばれ堆積した砂礫層であり、保水性に乏しく、降った雨水は表層を浸透して地下水となる。それが扇状地の中央にあたる標高60メートル付近で湧き水となって湧出する。

　と表現できよう。
　長い時間をかけて大間々扇状地を造成したのは、赤城・榛名・浅間山などの火山活動と渡良瀬川の流れによるものである。その渡良瀬川は遠く赤城山後方の山々から流れ出てくる。
　かつて大間々扇状地の中央付近を流れていた渡良瀬川が、なぜ東側の方向に流れを変えたのか？
　その理由を考えてみると、大きな要因の一つは火山活動の影響によるものではないかと思われる。地層記録によれば赤城山は３万年前あたりまでに火山活動を休止してしまっている。
　ところが西方に位置する浅間山、榛名山は比較的近年に至るまで活発な活動を続けている。榛名山は古墳時代に２度大爆発を起こして、火砕流や溶岩が流れ出し、麓の村々を焼き尽くした。
　渋川市にある金井東裏遺跡では村を守る役割だろうか、甲(よろい)を身に着けた男性が榛名山に立ち向かい、うつ伏せ姿で遺跡の中に埋まったまま残されていた。
　浅間山は江戸中期の天明時代に大爆発を起こした。大量の溶岩が吾妻地方の村々を襲い、噴き出した噴煙が空を覆って天明大飢饉(ききん)という災害をもたらした。
　溶岩流と火砕流が流れ出し村々を襲った。嬬恋村の鎌原観音堂という高台にある神社には50段ほどの石段がある。半分ほどが埋まってしまった。神社境内まで登れた人は生き残ったが、逃げ切れなかった人は石段途上で埋まってしまった。

溶岩流のすさまじいエネルギーは堆積した溶岩の塊、「鬼押出し」という姿で今日に伝えられている。浅間山は現在も噴煙を噴き上げ続けている現役バリバリの活火山である。

　榛名山と赤城山は比較的至近距離にあり、渋川市付近でその麓同士が接していて、その間を利根川が深い谷を形成して貫流している。

　度重なる火山灰土は浅間・榛名山の麓から順に厚く堆積して傾斜し、その影響で渡良瀬川は次第に東側に流れを変えていったのではないかと思われる。

　大間々扇状地は、扇の要にあたる大間々付近から扇の先端となる利根川まで南北ほぼ20キロメートル、扇端の広がりは、西は伊勢崎市付近から東は足利市までほぼ20キロメートル、その総面積は概算で20×20÷2＝200平方キロメートルとなる。

　東京都の山の手線内の面積が63〜65平方キロメートルとされるから、ほぼその3倍に相当する広大な面積である。

　気候はというと北関東の典型的な内陸型気候で、夏は暑く、冬は赤城おろしの寒風にさらされカラカラに乾燥する。そして冬季の日射量に恵まれること全国有数である。

　その気候風土はこの地に暮らす人々の気質に決定的な影響を与える。上毛かるたにいう「雷と空っ風義理人情」が共通した気質の特徴である。

　気が良くて義侠心に富むが、平たくいうと熱しやすく冷めやすい。雪国の人たちが持つ我慢強さとか粘着力に欠けるさらいがある。

　また、冬季に水分を含んだ雪雲は上越国境の山々に大量の雪を降らせてしまうので、渡良瀬川の水源地帯には積雪が少ない。豪雪地帯のように積雪によるダムの蓄水効果が期待できず、春から夏にかけての水量はその年の降雨量によって左右される。すなわち、空梅雨の年は渇水に苦しみ、豪雨の年は洪水の危険にさらされる。

　「赤城山大間々扇状地と渡良瀬川用水」と題した本書は、大間々扇状地を舞台にした人々の営みや歴史、渡良瀬川から取水した用水に関わる歴史の流れを概観的に綴ってみようと試みたものである。叙事詩であり歴史物語であ

第1部　大間々扇状地

りたいと願う。
　物語は大間々扇状地に石器だけを武器にして日本人が暮らしていた太古の時代から始まる。

２．日本史を塗り替えた岩宿遺跡

　日本の近代考古学は、大森貝塚の発見と調査をもって嚆矢とするとされている。大森貝塚の発見者はアメリカ人のエドワード・シルベスター・モースである。

　モースは動物学者であり、腕足類（姿は２枚貝に似るが貝ではなく海産の底生無脊椎動物、シャミセンガイなどに代表される）の研究のために日本にやってきた。

　来日したのが明治10（1877）年６月17日、その翌々日の19日に横浜から新橋へ向かう途上、大森駅を過ぎてからすぐの崖に貝殻が積み重なっていたのを、列車の車窓から発見した。驚くべき慧眼の持ち主であるとともに、当時の汽車の速度が、今日われわれが想像する以上に遅かったことも幸いした。

　彼は少年時代から貝についても興味があり、作製した貝の標本は専門家を唸らせるほどの出来栄えだったという。少年時代より培った鋭い観察眼が、貝塚の発見につながった。

　モースは日本政府の許可を取り、９月から助手３人とともに本格的な学術調査を行った。貝塚からは貝殻のみならず、土器、土偶、石斧、石鏃、鹿や鯨の骨片、人骨片などが採取され、当時の人々の食料、道具、生活様式などが読み取れた。彼はこの成果をすぐに論文にまとめ、11月には科学誌ネイチャーに発表した。

　余談ではあるが、江戸時代に医師として長崎に来日し、西洋医学や博物学を日本に伝え、西洋に日本を紹介したのはシーボルトである。彼の息子ハインリヒ・シーボルト（小シーボルト）は外交官として来日していた。

　彼は父親の血を引いて博物学にも関心と造詣が深く、大森貝塚の発掘には自分も関わったとしてヨーロッパへ報告書を出していた。

　モースと小シーボルトは貝塚発見の先陣争いをしたのであるが、この勝負はモースに軍配が上がり、その結果小シーボルトは外交官に専念したとされる。

　だが２人の研究論争は、日本の考古学が飛躍的に発展を遂げる一つの契機となったようだ。小シーボルトが出版した「考古説略」が、考古学という言

第1部　大間々扇状地

葉と一つの学問分野の出発点となるという功績を残した。

　日本の古代史はおよそ1万年余り前の縄文時代に始まるとされてきた。当時の日本人は縄による紋様のついた土器を生活用具として使っていた。
　この土器を利用し食物を煮炊きして調理することで、利用できる食料が飛躍的に広がりかつ保存も可能となった。これを縄文時代といい、その使われた土器は縄文式土器と名づけられた。大森貝塚はこの縄文時代後期の遺跡である。
　その後今から2000年余り前、紀元前2、3世紀の頃、中国や朝鮮半島から稲作が伝わった。というより稲作技術を持った渡来人が、多く日本に移住するようになったというべきだろう。
　すると生活様式が一変し、米を主食とする時代となった。稲作のためのさまざまな道具が工夫され、やがて青銅器や鉄などの金属が生産されるようになった。紀元前3世紀から紀元後3世紀ころまでを弥生時代といい、使われた土器は弥生式土器と名づけられた。
　弥生時代の研究も、大森貝塚の発見が大きな契機となったことは間違いないだろう。弥生式の弥生とは、東京の本郷弥生町（現在の東京大学のキャンパス付近）でこの様式の土器が発見されたことに由来する。大森貝塚発見の7年後の明治17年のことである。
　弥生時代は稲作が伝えられ、広く日本全国へと広がっていった時代である。青銅器や鉄器による農機具や武器の生産は、稲作に不可欠な用水や圃場の整備、生産性の向上をもたらし、小さな村がやがて統合され大規模化して、地域の首長あるいは大王が支配する時代となり、3世紀以後の古墳時代へと続いていくことになった。

　日本の古代史は縄文時代に始まり、弥生時代、古墳時代、そして大和朝廷による国家統一に至ると考えられていた。それでは縄文時代前には、日本列島には人類、すなわち日本人は存在しなかったのか？
　明治10年代に近代考古学がスタートして以来長い間、人類が存在した明確な痕跡が発見できなかったことから、前記の問いは正しく、日本の歴史は縄文時代から始まるとされてきた。それはいつしか日本考古学会の定説と

なっていた。大学で考古学を学ぶ学徒は、まずこの暗黙の定説を学ぶことから始まる。誰も疑う者はいなかった。

　明治10年、すなわち1877年に始められた日本の近代考古学は、この定説が正しいものとして、第２次世界大戦（太平洋戦争）が日本の敗戦をもって終わる1945年に至るまで、70年間の歳月が流れた。

　この岩盤のような定説を打ち破り考古学史の新しい扉を開いたのは、一人の無名で在野の研究者・相澤忠洋青年である。

　相澤忠洋さんは、みどり市笠懸町にある岩宿遺跡の第一発見者である。日本考古学会で広く認められるようになったのは昭和24（1949）年、相澤青年23歳のことであった。

　岩宿遺跡発見に至る経緯は、相澤青年の生い立ちと生活環境を抜きにしては考えられない。どちらかというと不遇だった少年時代の体験が、考古学へ傾倒するエネルギーとなった。それを辿りながら岩宿遺跡発見の意味を考えてみよう。

　まずは相澤さんの履歴書から紹介したい。

- 相澤さんは大正15（1926）年東京の現大田区に生まれた。大正15年が昭和元年であるから昭和の年号にマイナス１を加えると満年齢となる。
- 昭和８年一家は鎌倉に移り住む。その頃、近くの工事現場で土器片を拾ったのが考古学への出発点となった。
- 昭和10年両親が離婚したため一家は離散した。相澤少年は鎌倉にあった杉本寺に預けられた。
- 昭和12年、11歳になると浅草にある履物屋に丁稚奉公することになる。ここで物を売って代金を回収する商人としての基本を叩き込まれる。同時に、昼間の仕事を終わってから学校に通い夜間小学校を卒業する。
- 考古学への憧れから少ない小遣いをはたいて夜店で打製石器を購入した。たまの休日には上野の帝室博物館（現東京国立博物館）へ通った。入館料の持ち合わせがない。そんな少年を見て、守衛の数野甚造さんという人が考古学に対するさまざまなことを教えてくれた。
- また数野さんと板橋区小豆沢貝塚で発掘を行うなど、考古学への思いが途切れることはなかった。

第1部　大間々扇状地

　だが当時の日本は昭和12年の日中戦争から、昭和16年にはイギリス、アメリカを相手とする太平洋戦争へと突き進んでしまう戦争の時代であった。若者はいずれ否応なしに軍隊に召集され、戦場に送られる運命にあった。

・相澤さんは昭和19年、18歳で海軍を志願し横須賀海兵団に入団した。厳しい訓練を経て駆逐艦「蔦(つた)」の乗組員となる。幸い戦場に赴くことなく、瀬戸内海で勤務中日本の敗戦を迎えた。
・昭和20年9月、父親が住んでいた桐生市に復員した。

　こうして相澤さんの戦後の生活がスタートした。敗戦の虚脱感を抱き、多くの人がその日口にする食べ物に事欠く半飢餓のような生活を送っていた。
　相澤さんは思った。

（自分の今までは寺に預けられた時代から浅草の丁稚奉公時代、海軍生活―いずれも厳重な籠の中での生活だった。これからは籠の囲みから解放されて、貧しくとも好きなことをやって生きていきたい）

　本格的にやりたいと思っていた、考古学への熱き思いがふつふつと沸いてきた。そのためにもまずは生活を成り立たせなければならない。相澤さん19歳の新しい出発である。
　桐生の資産家の家から品物を預かり、赤城山麓の農家を回って行商の仕事を始めた。街中に残された生活用品と、農家が生産していたイモや米などの食料品との物々交換のような商売だった。
　農家の人たちは畑を耕していて、土器や石器に出合う体験を大抵持っていた。そうした情報を丹念に聞き集め、自分でも歩いて確かめた。
　昭和21年の秋、後に岩宿遺跡の現場となるみどり市笠懸野にある、稲荷山と琴平山の間にある切通しの道で、崖の断面から小さな石片が顔を出しているのを発見した。
　長さ3センチ、幅1センチほどで、キラリと光るガラスのような石片である。明らかに自然石とは思われず、人が手を加えて加工したように見えた。
（細石器ではないか？）

考古学の神様が相澤青年に微笑みかけたのである。

　生半可な考古学の知識の持ち主であったならば、（ああ、これは縄文時代の石器だろう）と結論づけてその先には進まなかったのに違いない。

　相澤さんは違った。考古学の常識や知識から発想するのではなかった。日々のフィールドワークで集めた石器や土器を、丹念に観察して考察を進める手法である。誠実、素直、ひた向き、献身的、愚直にとことん問題を考え続ける。

図2-1　鎗先形尖頭器

　しかも石片が発見された地層は土器が出てくる地層より深いところだ。

（縄文式土器が使われる以前の古い時代に、石器だけで暮らしていた日本人がいたのではないだろうか？）

　それまでの考古学者の誰も考えたことのない、一つの大きなテーマと仮説を抱えることになった。それ以後、折に触れてこの笠懸野の切通しを注意して観察するようになった。

　石器を見つめていると相澤さんにはある情景が思い浮かんだ。

　何日もかけて獲物を追って狩りをする。武器は穂先に槍型石器を付けた投げ槍だけである。獲物となる動物は、ナウマン象、オオツノジカ、ヘラジカ、野牛などの大型動物である。

　手負いの動物は死に物狂いで反撃する。狩りは文字通り命懸けである。とどめを刺してようやく狩りは終わる。獲物を家族のもとへ運ぶ。仕留めた獲物を火に炙（あぶ）って焼く。何日ぶりかのご馳走である。これでまた命をつなぐことができる。自然と笑いも会話もはずむ。

　その家族団らんの食事風景が、相澤さんの脳裏に浮かんだ。自分には縁の薄かったその情景が、はるか彼方の太古の時代にもきっとあったはずだ。憧れの情景を追い求めて石器を探し続けてきた。

　その頃は資産家から品物を預かって売る商売から、しがらみのない納豆販売に代えていた。仕入れた納豆を自転車の荷台に積んで売りまわる。朝早くから朝食までの時間が勝負の商売である。しかも仕入れた納豆はその日のうちに売り切らなければならない。この時間が過ぎれば考古学研究に専念す

る。

　相澤さんの生活はまさに「高志清貧」―生活は質素で貧しくとも高い志を持って生きる―の実践そのものだった。そんな相澤さんの人柄を慕って考古学に興味を持つ高校生（当時は旧制中学生）の堀越さんや加藤さんらが助手として参加していた。

　そうした相澤さんの途切れることのない努力と執念が実を結ぶ時がやってきた。昭和24年7月のことである。

　その歴史的瞬間を相澤さんは自身の著書『「岩宿」の発見』でこう書いている。

「山寺山（岩宿遺跡の南側丘陵・琴平山）にのぼる細い道の近くまできて、赤土の断面に目を向けたとき、私はそこに見なれないものが、なかば突き刺さるような状態で見えているのに気がついた。近寄って指を触れてみた。指先で少し動かしてみた。ほんの少し赤土がくずれただけでそれはすぐに取れた。それを目の前に見たとき、私は危うく声をだすところだった。じつにみごとというほかはない。黒曜石の槍先形をした石器ではないか。完全な形をもった石器なのであった。われとわが目を疑った。考える余裕さえなくただ茫然として見つめるばかりだった」

「ついに見つけた！定型石器。それも槍先形をした石器を。この赤土の中に…」

　その石器こそが、長い間相澤さんが探し求めてきたものだったのだ。「赤土の地層の中には日本人の生きた痕跡は存在しない」―その定説が覆されるかもしれない。

　単なる偶然ではない。必死になって追い求めた必然の結果である。日本古代史の定説と常識が打ち破られ、古代史研究に燦然と輝く新しい金字塔「岩宿遺跡」発見の瞬間である。

　相澤さんから証拠となる石器を示されて、事の重大さを直感したのは明治大学考古学研究室のメンバーだった。研究室の杉原荘介助教授、芹澤長介研究員らはすぐに発掘調査に取りかかる決断を行った。

　昭和24年9月、明治大学考古学研究室、相澤さんとその支援者たちによ

る本格的発掘調査が行われた。多くの石器が新たに発掘され、同時にそれらが発見された地層の年代調査も行われた。

　こうして岩宿遺跡の本格的発掘が行われ、その成果が考古学学会や新聞紙上で報道されると、それが契機となって、全国各地から新しい石器発見の報告が相次いだ。相澤さんが発見した旧石器時代の存在が、学術的にも確かめられたのである。

　日本の古代史は塗り替えられた、それも第1ページである。縄文時代よりはるかに古い時代から、土器を持たずに石器だけを武器にして、人類（日本人）がこの日本列島に生活していたことが証明されたのである。

図2-2　相澤忠洋胸像（岩宿博物館）

　縄文人たちも石器を使っていたからその時代を新石器時代と名づけ、それ以前の土器の存在しない時代を旧石器時代と呼称することとなった。

　現在ではみどり市岩宿阿左美町に、「岩宿博物館」やその関連施設が設けられている。相澤忠洋さんの業績、マンモスの実物大レプリカ、大小さまざまな石器、旧石器時代の日本人の生活や狩りの様子などが展示され、発掘当時の地層断面などがほとんど完璧な姿で保存されている。

　敷地の一角に、石器を手にする若き相澤さんの胸像が建っている。その台座には、後に東北大学教授となった芹澤長介氏筆になる碑文が記されてある。

「相澤忠洋は昭和21年11月、群馬県新田郡笠懸村の切通道で黒曜石片の散布を認め、さらに同24年7月、同所の関東ローム層中に包含されている黒曜石製尖頭器を発見した。同年9月11日、相澤忠洋・堀越靖久・加藤正義・杉原荘介・岡本勇および芹澤長介の6名によって反対側崖面の試掘が行われ、関東ローム層の上層から石器6点、石片5点、下層から石器8点、石片4点が出土した。ここに岩宿遺跡が誕生し、日本における旧石器時代の存在

がはじめて確認されたのであった。同年10月、明治大学考古学研究室による第一次調査が実施され、さらに30年後の昭和54年8月17日、岩宿遺跡は国指定史蹟となった。

　　　　　　　　　　　平成13年9月16日
　　　　　　　　　　　東北大学名誉教授　芹澤長介　識　　　」

　真の意味での近代考古学は、大間々扇状地の扇頂部にある岩宿遺跡から始まった。

　この岩宿博物館の敷地には相澤忠洋さんの胸像の他に、笠懸野の歴史のなかで忘れてはならない人物の銅像が建っている。江戸時代の足尾銅山を支配した代官岡上（次郎兵衛）景能である。詳しい業績と人となりは後章で触れるであろう。

3．縄文時代の耳飾り

　旧石器時代は今から何万年か前に、日本列島に日本人が住み始めたことから歴史が刻まれた。当時は氷河期でかなり気温は低かったと推定される。海面は大きく下降し、朝鮮半島あるいは樺太と日本列島は地続きで、マンモスやナウマン象などとともに人が大陸から渡ってきた。

　やがて氷河期が終わるとともに、旧石器時代は終わりを告げ、約1万5000年前頃から縄文時代が始まった。急速に温暖化が進み、針葉樹林に代わって、ドングリやクリ、クルミなどが実る豊かな落葉広葉樹の森が広がった。

　縄文文化は地球温暖化に伴う環境の変化に対応して、日本列島の旧石器人が生み出した文化であり、その特徴として土器と弓矢の使用、磨製石器の発達、定住化の始まりと竪穴住居の普及と集落や貝塚の形成、植物栽培の始まりなどがあげられる。

　荒っぽく時代区分をすると（実際には日本各地で時代差があるのはもちろんであるが）、

- 草創期　　1万5000年前から1万2000年前
- 早期　　　1万2000年前から5500年前
- 中期　　　5500年前から4400年前
- 後期　　　4400年前から3200年前
- 晩期　　　3200年前から2400年前

となる。縄文後期、晩期になって大陸や朝鮮半島から稲作が伝わると、次第に稲作を中心とした生活様式に変わっていき、次の弥生時代へと移行していく。

　縄文時代に入るとともに、人はあらたに土器という文明の利器を手に入れた。

　人々は土をこねて思い通りの形を作り、加熱による化学変化を起こすことで、強度に富み、煮炊きに使える容器を手に入れたのである。

この土器によって、火を加えて煮るという調理が可能となり、また食物や水を貯蔵することが可能となった。
　煮ることにより硬いものが軟らかくなり、植物や木の実のアク抜きも可能となって、より多くの自然の恵みを利用できるようになった。土器の出現は人々の食生活を豊かで安定的なものに変えた、大きな生活革命である。

　大間々扇状地の母なる川である渡良瀬川が、みどり市大間々町から桐生市川内町に差し掛かった川の袂（たもと）で、縄文時代晩期の遺跡が発見された。千網谷戸（ちあみがいど）遺跡と呼ばれる。
　川内地区の山間から流れ出る山田川が渡良瀬川に合流する地点のすぐ上、河岸段丘上にある遺跡である。
　偶然ではあるが、大間々扇状地の扇頂部にコンパスを当てると旧石器時代の岩宿遺跡とほぼ同心円上に位置する。岩宿遺跡では旧石器時代とは違う地層から縄文時代の土器などが出土していることから、旧石器人たちが土器を手に入れて、発展的に新しい時代に移行していったとも考えられる。どのような遺跡なのか、関係者の発掘調査レポートを引用させてもらいながら考察してみよう。
　この遺跡は太平洋戦争前からその存在が知られていたようであるが、実際に発掘調査が行われたのは戦後の昭和21年から49年まで、高校教師で考古学研究者であった園田芳雄氏を中心にして断続的に行われ、その後引き続いて、桐生市教育委員会でも発掘調査が行われた。
　遺跡の位置と範囲は、大間々扇状地の標高140メートル付近、山田川が渡良瀬川に合流する付近2段目の河岸段丘上、東西約350メートル、南北100メートルの範囲である。
　縄文時代晩期の1号住居跡と4号住居跡からの出土遺物は質量とも豊富で、関東地方における当時の生活様相を復元するうえで重要な内容を持つものであった。
　縄文時代晩期の住居跡の全貌とともに発見されたこれらの遺物の出土例は少なく、その学術的価値は高いと評価され、貴重な一括資料として国の重要文化財に指定された。

図3-1　千網谷戸遺跡出土品リスト

第1号住居出土	2286点	第4号住居跡出土	1011点
土製耳飾り　残欠共	114個	土製耳飾り　残欠共	59個
玉　類		玉　類	
石製垂飾具	124個	石製垂飾具	33個
土製垂飾具	28個	土製垂飾具	13個
骨角器　残欠共	76個	骨角器　残欠共	4個
土版　残欠共	4個	土版　残欠共	2個
岩板　残欠共	5個	岩板残欠	3個
磨製石斧　残欠共	9個	土偶残欠	1個
打製石斧　残欠共	57個	磨製石斧	1個
有溝石器	2個	打製石斧　残欠共	44個
石剣　残欠共	4個	有溝石器	1個
石棒　残欠共	2個	石剣　残欠共	5個
石垂	41個	石刀残欠	1個
土垂	3個	石錘　残欠共	40個
石皿　残欠共	23個	土錘	1個
磨石	97個	石皿　残欠共	25個
土製円板	21個	磨石	43個
砥石　残欠共	9個	土製円板	34個
石匙	2個	砥石残欠	6個
石鏃・石錐	1665本	石匙	1個
		石鏃・石錐	694本
附　土器類、石器剥片、粘土塊等		附　土器類、石器剥片、粘土塊等	

　出土品の主なリストは、図3-1に示すが、
・縄文時代後・晩期の竪穴住居跡
・祭礼にかかわる配石遺構や石棺墓群
・多量の土器、石器
・数多くの装身具をはじめとする土偶、岩板、土版

などである。これらの出土品がどのような目的に使われたのかを整理してみた。

・石鏃…狩りに使う。ヤリや弓矢の先端に付ける鏃(やじり)。
・石皿、磨石…調理の道具として使われた。
・石斧…樹木の伐採や土堀りの道具として利用さ

図3-2　みみずく土偶
（桐生市教育委員会提供）

れた。
- 石錐…木材や獣皮に穴を開ける道具として使われた。
- 石錘、土錘…漁労用網の錘として使った。
- 石包丁…農業用で収穫時の刈り取りに使われたと思われる。
- 骨角器…銛や釣り針、へら、さじ、縫い針など。
- 砥石…磨製石器や骨角器の製作に使われた。

　出色なのは装身具、とりわけ土製耳飾りである。
　調査レポートでは次のようにまとめている。

「とくに「大型漏斗状透彫付土製耳飾り」は出土例が少なく、技巧的にもすぐれた華麗な作品で、縄文時代の工芸技術の一端を示すものとして注目されている。耳飾りに代表される装身具類の豊富さや、膨大な石鏃の出土量などは他に例を見ないものである」

　これが何を意味するのか考えてみたい。
　人が身に着ける精巧な装飾品が大量に発見されたことは、まずもって生活が豊かであったということに他ならない。

　当時の縄文人の生活の様子を考察してみよう。
　まだ本格的な農業を行っていなかったので、狩猟・漁労・採集といったさまざまな生業活動を通じて自らの生活を成り立たせる必要があった。

- 狩猟活動

　石鏃が多数あることから狩りで獲物を得ていた。ナウマン象や大ツノジカなどの大型動物は温暖化により姿を消し、代わってイノシシ、シカ、カモシカ、ウサギなどの中小型動物が狩りの対象となった。弓矢が発明され、犬も飼われていたことから、狩りの技術も格段に向上した。
　近くに飛来するガン・カモのような大型の渡り鳥、キジ・ハト・ツグミなども狩猟の対象になっただろう。

・漁労活動

　彼らの生活の場は渡良瀬川のほとりの高台である。毎日川の様子を観察することができる。この川の恵みも享受していたのに違いない。

　ウグイ（ハヤ）、アユ、サケをはじめコイ、フナ、ウナギなど豊富に生息していたし、漁の工夫次第で大量収穫に沸くこともあっただろう。

　多数の石錘が発見されていることから、漁網を使って漁を行っていたと考えられる。彼らにとっては、渡良瀬川は豊かな生活を支える母なる川であったのに違いない。

　アユは秋になると落ちアユとなって川を下るから、簡単な簗を設ければ容易に大量捕獲ができただろう。サケも晩秋になると群れをなして遡上してくる。これを細流へと誘導してやれば、銛やヤスで捕獲できよう。内臓を取り除いて寒風にさらせば、長期保存も可能であった。

　樹木や野草には薬となるものも毒にもなるものもある。そうした知識と感覚は現代人より当時の縄文人の方がはるかに勝っていただろう。

　たとえばエゴノキという春に白い花を咲かせる樹木がある。この花を煎じると有用な毒薬となる。山田川のような小河川に流してやると、岩に隠れていたヤマメやハヤ（ウグイ）、ウナギなどが浮いて出てきたのに違いない。

・採集活動

　木の実や野草は重要な食料だった。しかも女性や子どもでも危険は少なく採集可能である。

　食用となる木の実にはドングリ類、カヤ、クリ、クルミ、ハシバミ、トチ、ヤマブドウなどがあった。木イチゴやアケビの実などもあっただろう。クリやクルミはそのままでも食べることができるが、ドングリやトチの実は流水にさらすなどアク抜き処理をする必要があった。

　これらの木の実は栄養価が高く、大量に収穫でき、しかも保存にも適していた。石皿を使って粉にして、水を加えて薄く伸ばして焼きあげて、クッキーやせんべいのようにして食べたとも考えられる。

　山野草は今日私たちが採集して食べるものと大きな違いはないであろう。ゼンマイ、ワラビ、ツクシの芽、スカンポ、ウド、ノノヒロ、フキノトウ、タラの芽に代表される木の芽など種類は多かった。

秋に大量に発生するキノコ類もある程度は毒キノコをえり分けて、食用となるキノコを採集して食べていたのに違いない。

・農耕栽培への移行

縄文時代後期ともなると、ある程度は栽培も行われていたものと考えられる。住居の周辺には畑があって、ヤマイモや里イモ、あるいはアワ・ヒエ・エゴマなどの雑穀も栽培されていただろう。

畑の外側周辺では、クリやクルミの木も植えられていた。縄文人たちは山野で採集するよりもはるかに容易で効率よく、しかも大量に収穫できることを知っていたのに違いない。

・住居と集落

住居は地面に深さ１メートル、一辺５メートルほどの穴を掘り、上に４本の柱で支えられた草びきの屋根を被せた形のもので、中央に炉が設けられていた。夏は涼しく、冬は暖もとれる構造で、意外と快適な住居であったと思われる。

縄文人たちは数家族、時には数十家族がある地域に、集団で暮らしていた。集団で生活した方が、狩りや漁労、採集にも効率的だからである。また子育てなどもお互いに助け合ってやることができて安心であった。

・祭礼と儀式

彼らは自然が提供する恵みによって生活していた。この自然を司る偉大なもの─神のような存在に対して畏敬（いけい）の念を持ち、感謝して生きていた。もし神の怒りに触れたら火山爆発や大規模火災、大洪水などが発生して生活が成り立たなくなってしまう。

だから自然に対して心から敬い感謝を捧げる。そうした宗教的な儀式が行われていたと考えられる。

思わぬ大量収穫に恵まれたとき、あるいは子どもが生まれ、無事成人したときなど、感謝の祭りが行われたであろう。

そんな祭りの日には、日頃の苦しみは忘れて、みな思い思いに化粧して自慢の耳飾りや首飾りを身に着けて祝ったであろう。

千網谷戸遺跡の出土品で出色なのは、何といっても精巧な透彫付土製耳飾りである。大きさは直径３センチから10センチに及ぶものがあり、鮮やかな赤色や青色などに彩色されていた。

　土製であるから決して軽いものではない。これをピアスのように耳に通してイアリングとして使う。日常生活に使ったとは思えない。大きくて重すぎるのである。さまざまなハレの日の祭礼に身を飾ったものであろう。

図3-3　透彫付土製耳飾り
（桐生市教育委員会提供）

　日頃は日々の生活のために懸命に働く。ケガや病気は絶えない。薬もないから治癒を神に祈る。だがあっけなく死んでしまうことも多かったであろう。

　人間だから皆で集まっては苦しみや悲しみを忘れ、楽しい時間を持たなければ生きていけない。祝宴の場では大声を出して歌い、思いっきり楽しむ。山ブドウを原料にしたお酒（ワイン）などもあって楽しんだのに相違ない。彼らは豊かな精神世界を持っていた。

　縄文時代のもう一つの特徴は、人々は平等であり、階級差が少なかったことである。あっても小さなものだった。大規模な争いや戦いもなかった。その理由は、米のように長期保存のきく主要食物がなく、富の蓄積と権力の集中がなかったからである。

　透彫付土製耳飾りは時の移ろいとともに進化を遂げ、芸術性を帯びた精巧な仕上がりとなっていった。これは自分たちだけで使用するためではなかったと思われる。

　縄文時代晩期ともなると人口も増え、広く交易を専門に行う商人が存在したと思われるのである。

　この場合の商人は各地の特色ある商品を扱い、物々交換で取引を行っていた。彼らは単に商品を売買するだけでなく、さまざまな情報も伝える役割も担っていた。

　千網谷戸で暮らしていた縄文人たちは、芸術性豊かな陶芸家がいて工房をつくって製作にあたった。それは価値あるものだったので高レートで、黒曜石やヒスイ、砥石、海産物の干物や塩などと交換されたものと思われる。

縄文時代は1万年以上も続いた。そこに住んでいた日本人は、私たちが想像する以上に物質的にも精神的にも豊かな生活をしていた。土器の形状や紋様、土偶、透彫り耳飾りなどに見られるように、生活の力強さ、芸術性や美的な感性もわれわれ現代人とさして変わらないか、それ以上のものを持っていた。

　その縄文人の芸術性と感性についてである。桐生の絹織物は室町時代までは「仁田山絹」と呼ばれていた。仁田山とは千網谷戸遺跡のある川内地区にある山である。

　京都から絹織物を伝えたという白滝姫を祭った白滝神社がこの地にある。感性豊かな縄文人の遺伝子（DNA）は、桐生織物発祥の地とされるこの地に住む人々に伝えられているように思われるのである。

4．東日本最大の古墳

　大間々扇状地を舞台とする歴史は、太古の旧石器時代から縄文時代を経て弥生時代、そして古墳時代へと続いてきた。
　群馬県には、東日本では断然群を抜いて多くの古墳が残されている。歴史とは人々の生活の営みが連続して続いていくものだから、多くの前方後円墳が残されているということは、この地が豊かな土地であり、古来より多くの人々が生活していたことの証左である。
　県内１万基以上あるとされる大小の古墳の中で、東日本最大規模の古墳が残されているのが、大間々扇状地の扇央部やや下部にある太田天神山古墳（現太田市内ケ島町）である。
　そのプロフィルは次の通りである。

「墳形は前方後円墳で、前方部を南西方に向ける。墳丘は３段築成である。墳丘長は約210メートル、高さ16.5メートルを測るが、これは東日本では最大級である。墳丘外表には葺石(ふきいし)が認められ、墳丘周囲には二重の周濠が巡らされている。周濠を含む全域は364メートル×288メートルにも及ぶ」
「出土埴輪、土師器から古墳時代中期の５世紀前半から中期頃の築造と推定される。埋葬施設は長持形石棺である。北東300メートルには女体山古墳がある。墳丘長106メートルで、形状は帆立貝形古墳である。両古墳は基準尺、方位の点から同　企画下にあったとされる」

　この地に残された古墳時代の宝物はそれだけではなかった。
　天神山古墳のすぐ近くの太田市飯塚町（旧新田郡九合村）にある長良神社の境内から「埴輪武装男子立像」（埴輪挂甲(けいこう)武人とも呼ばれる）が出土した。それはどのような埴輪だったのか。

「この埴輪は甲冑（よろいかぶと）に身を固め、太刀と弓矢を持ち、完全武装した人物を表した全身立像である。像高は130.5センチメートル、最大幅39.5センチメートルで、脚部に白色・赤色の顔料がみられ、彩色されてい

図4-1 （国宝）武人埴輪（東京国立博物館所蔵 Image：TNM Image Archives）

たとみられる」

「頭部に頬当（ほおあて）・錣（しころ）の付いた衝角付冑（しょうかくつきかぶと）をかぶり、胴には小札（こざね）を縅（おど）し、身体の前面で引き合わせ、草摺（くさずり）が一体となった小札甲（挂甲:けいこう）をまとっている。膝にも佩楯（はいだて）とみられる小札製防具を巻き、脛にも小札製の臑宛（すねあて）をつける。肩甲（かたよろい）をかけた両腕には籠手（こて）をつける。左腕には籠手の上から鞆（とも）を巻き、左手には縦向きに弓を正面および背面には蝶結びのなされている箇所が10か所にも及んでおり、甲の着装は紐を結んでなされている」

「東アジア地域で広く普及した大陸伝来の小札甲を身に着け、当時としては最新の甲冑で全身を固めているが、長弓を執って大刀を佩（は）き、伝統的な弓具である鞆を背負ういでたちには、古墳時代後期の武器・武具が巧みに表現されており、当時の東国武人の武装の様子を知ることができる貴重な考古資料である」

　この埴輪は1974（昭和49）年に国宝に指定され、現在東京国立博物館に収蔵されている。

　ちなみに言えば、この武人埴輪によく似た埴輪は完全なかたちで復元されたもので4例、破砕資料で1例が知られるが、そのいずれもが大間々扇状地もしくはその近傍から出土している。
- 太田市世良田町出土　天理大学付属天理参考館蔵（重要文化財）
- 太田市成塚町出土　伊勢崎市相川考古館蔵（重要文化財）
- 伝伊勢崎市安堀町出土　国立歴史民俗博物館蔵
- 太田市内出土　アメリカ・シアトル美術館蔵
- 伊勢崎市豊城町出土（破砕資料）

東国最大規模の天神山古墳と国宝の武人埴輪が同一エリアに存在した。それは何を意味するのだろうか？

　もはや集落や村という単位ではない。東国における一大国家が存在したとみることができよう。いったいどんな国家だったのだろうか。

　古墳時代より少し前、2、3世紀の倭国（日本）の様子は中国の史書「魏志倭人伝」に記載されている。その様子をいくつかかいつまんで書き出してみる。

- 1〜2世紀の倭国では政治勢力が乱立し、2世紀後半には倭国内で各勢力が衝突し「倭国大乱」と呼ばれる戦争が起こっていた。
- 倭国では男子が王位を継承していたが、邪馬台国では女子である卑弥呼を女帝とすることによって、混乱が収まった。邪馬台国は倭国連合の都であった。
- 温暖な気候の邪馬台国では、稲作が行われ、また海の魚もよく食べられていた。男子は身分に関係なく顔や体に刺青をしていた。
- 養蚕が行われ、絹が産物の一つであった。苧麻、麻、木綿なども衣類の材料として栽培されていた。
- 男子の服装は木綿の布を頭と体に巻いていた。女子は1枚の布の真ん中に穴を開けて頭を通し、ひもで結び留めるスタイルが一般的であった。
- 卑弥呼は大陸の魏国への朝貢を行い「親魏倭王」の称号を授かるなど、外交活動も行っていた。

　その邪馬台国はどこにあったのか、九州なのか畿内なのか今もって論争が絶えず、明らかにされていない。古代ロマンの一つである。

　その卑弥呼の時代から200年近くの年月が経つと、古墳時代の幕開けである。古墳を造成するプロセスから考えてみよう。

　日本最大の古墳である大仙陵古墳（仁徳天皇陵）の造成には、専門家の分析では2000人の作業者が取りかかって約20年程度の歳月を必要とする仕事量と見積もられている。ブルドーザーやショベルカーなどの重機などはなく、すべて人力だけで造成を行う時代であった。

　その作業量から類推すると、太田天神山古墳は1000人規模の作業者が10

第1部　大間々扇状地

年から15年掛かりで造成した程度ではないだろうか。そのためにはこの地を治めていた大王は、人口にして少なくとも数千人規模のクニ（国）を統治していたと考えられる。

　それでは古墳はどのような手順で造成するのか、そのプロセスを検討してみよう。
① 　古墳の候補地を選定する。一般に、土地の強度の高い台地が選定される。
② 　樹木を伐採し、地面を削って平坦にする。
③ 　杭と縄を使って設計図を地面に描く。古墳の方角も何かの意味があって決定される。
　　…かなり高度な熟練を要する作業であり、古墳造成に手慣れた技術者集団の存在があったと考えられる。設計図とともに数年掛かり以上となる作業スケジュール表を元にした工程表が作成される。
④ 　濠を掘る。濠の形に合わせて作業を進める。
　　…そもそも数千人規模の一大地方国家を築き、維持するためには、
　・水田の開発、各種農具の生産、灌漑設備の整備など最新の稲作農業技術を取り入れなければならない。そのためには幾内のヤマト政権と親密な関係を築いて、当時の最先端技術を取り入れたと想像される。
　・鉄の生産が行われること。鉄は農具や武器の製造に必要不可欠である。
　・馬の飼育と生産、その活用もされていただろう。馬の労働力は人の数倍に相当する。
　・国家内乱や外的侵入者に対して防衛力を備えていた。そのためには武具の生産、すなわち高度な金属（鉄）加工技術が必要である。
　・社会の階層化、分業化が進み、各分野の専門家が存在したと考えられる。
⑤ 　濠から掘った土を運び盛土にして古墳の形を造成していく。さらには水

図4-2　太田天神山古墳
（太田市教育委員会提供）

田造成のために小山や丘を削った土砂、あるいは用水路開削のために掘り出した土砂なども盛土に使われたのに違いない。古墳の造成は王の墳墓のためだけでなく、水田の拡大と地域発展のための一大土木事業だったのである。農民たちの汗と労働の結晶が注ぎこまれた。

⑥ 運ばれた土を山のように積み、均(なら)して水平な層を造る。これを固めながら作業を繰り返していく。

⑦ 古墳近くの斜面を利用して埴輪や土器を焼く。多くの竈(かまど)が作られ、粘土や燃料の薪が大量に運ばれた。

⑧ 墳丘の斜面に石を差し込んで積む。石のサイズは握りこぶしの2倍くらいの大きさである。これが葺石となる。これらの石は渡良瀬川もしくはその支流から調達された。

⑨ 後円部に穴を掘り、石棺を入れる。
　…石室に使われる石は、大きな石が積めるように四角形に成型され磨かれている。しかも主要な石は10トン以上の重量がある。この大石を加工し運搬するのは特別な工法があって初めて実現される。

　赤城山麓に続く大間々扇状地には、3〜4万年ほど前から土器を持たず石器だけで生活をしていた日本人がいた。縄文、弥生時代を経て、扇状地やや東南方あたりに東国の一大王国ができていた。
　この王国を天神山王国と仮に名づけよう。その成り立ちとプロフィルは多少の想像力を加えてまとめると次のようになるであろう。

「天神山古墳は大間々扇状地の標高50メートル付近のエリアにある。周辺には多くの湧水とそれらによって造られた池や湖があった。また渡良瀬川は現在の矢場川辺りを流れていたし、韮川(にらがわ)へも分流していたので、天神山古墳の至近距離にあった。
　平地が広がっていたことから、盛んに水田稲作が行われ、多くの人々が暮らしていた。そこへ、ヤマト政権につながる人々が集団で移住してきた。
　彼らは水田稲作に関するあらゆる先進技術を持っていた。稲作、土木工事、土器や埴輪、戦いのための武具などを生産、活用する技術者集団を抱えていた。

第1部　大間々扇状地

　いつしか彼らがこの地区の指導者となり、灌漑用の水利を整え稲作の規模を大幅に拡大し、地域で数千人規模の王国となっていた」

「金山(かなやま)山麓に製鉄所が設けられ（山名の語源もそこにあるのだと思われる）、そこで農具や武具製作のための鉄の生産が行われていた。鉄の材料は利根川や渡良瀬川筋から採取された砂鉄が使われたのだろう。
　同時に土器や埴輪のための窯場(かまば)も設けられて、農民たちの生活のための土器が大量に生産された。燃料となる薪は金山や周辺の山からいくらでも供給される」

「国には外敵から農地や村人を守るための兵士たちがいた。人々を守る文字通りの自衛隊である。彼らの武装は国宝埴輪の武装男子立像の通りであろう。
　人々の生活は豊かとなり、リーダーである国王は村人から尊敬された。同時に、王国統治のための身分制度、祭礼の儀式や法令のようなものが整えられていた。
　やがて国王のための墳墓を造成することになった。主に晩秋から春までの農閑期に人々は造成の作業に参加した。この古墳時代はあらたな水田開発の拡張期でもあった」

「より豊かな生活のために、奉仕の精神が半分と報酬として与えられた米や塩によって村人たちは喜んで古墳造成に参加した。
　王国には米を保存、保管するための高床式倉庫が多数建設されていた。まだ貨幣のない時代、米と調味料としての塩は何よりも価値のあるものであった。
　巨大な古墳はこの豊かな地を造りあげた先人たちに感謝と祈りを捧げる聖地であり、この王国に暮らす人々の精神統合の場でもあった」

5．新田荘と新田義貞

　大間々扇状地のほぼ中央にあたる地区—現在の太田市天良町・寺井町・新田小金井町にわたる地域から、7世紀から9世紀の奈良時代の新田郡庁跡が発見された。

　ここは朝廷と地方を結ぶ古代官道・東山道が西は佐位郡（現伊勢崎市）、東は山田郡（現太田市）、足利郡（現足利市）へ通じていたが、その宿駅を兼ねたもので、「上野国新田郡家（ぐうけ）跡」という名で史跡に指定されている。

　新田郡家は正殿・前殿を中心にして長さが50メートルにおよぶ長屋建物を東西南北に「口」字形に配置し、その郡庁を中心に正倉が東・北・西に建ち並び、さらにその周りを外郭溝（堀）を巡らせた、東西約400メートル×南北300メートル、台形の形をしている。

　ここは東国の交通の要衝であり、政治の一つの中心地でもあったことがこの広大なスケールの史跡から読み取れる。

　この上野国新田郡家跡から、つい余計な連想をしてしまう。

　一つは新田郡の特産物は何があったのか、そして大和朝廷に税（租庸調）として何が奉納されたのだろうか？

　山田郡桐生では絁（あしぎぬ）（絹織物）、足利郡からは渡良瀬川の大アユが奉納されたと記録にある。いずれもその地の特産物である。では新田郡では何か？—記録にはないので単なる想像だが、新田金山の松茸であろうか、それとも大和いも（ヤマイモ）だろうか。

　もう一つの想像はこの地の水利がどうなっていたのか、ということである。郡庁には周囲に正倉が配されていた。米が豊富に収穫できたということで、その前提として水田稲作のための水利が整っていなければならない。

　ここは大間々扇状地の標高60メートル地域である。湧水が豊富であったことは容易に推察できる。加えて八王子丘陵

図5-1　上野国新田郡家跡

からの沢水が流れていた。だが、それで十分だったのだろうか。

　当時は、渡良瀬川は現在の流路より西側を流れていたと推測され、河床水位も高かったのに違いない。それで、渡良瀬川からの分流、もしくは簡易的な用水路が設けられ利用されていたのではないかと思われる。

　具体的な史料や証拠もないので、あくまでも想像の域を出ない。ともかくも、人口も多く豊かな土地であったということは間違いない。

　奈良時代・平安時代の中央集権的な政治基盤が緩むと、平氏や源氏に代表される貴族たちはそれぞれ地方に進出して荘園を開拓して、武士集団を形成するようになった。そうした歴史の流れのなかで源氏の一族が、この大間々扇状地に定着することになる。

　源義家は清和源氏の一族であり山城国（現京都府）石清水八幡宮で元服したことから、長じては八幡太郎義家と呼ばれ、前九年の役（1051〜1062年）や後三年の役（1083〜1087年）で活躍した武将である。奥羽辺境の争いに参戦して、戦う源氏の棟梁（とうりょう）として武勲の名を高めた。

　義家が出征するときは、律令時代からの幹線道路であった東山道を進み、上野国を拠点にして兵員、装備、補給体制を整えてから奥羽へ出征したとされる。

　東山道は大間々扇状地の中央部を横切るようにして下野国へ通じ、その後北上して奥羽地方へと続いている。そのため義家にまつわる足跡が多く残されている。

　その一つが広沢郷の賀茂神社（現桐生市広沢町六丁目）である。義家の軍団は出征に際しこの神社で必勝祈願を行い、凱旋（がいせん）時には祝勝・凱旋の舞を舞ったという。

　その場を舞台と称したことから、賀茂神社のある一帯を指した舞台という地名が今日に残されている。ちなみに「後三年の役」とは、義家が出征してから凱旋するまで3年の月日が経過したことからその名が冠せられたという。

　この戦う源氏の棟梁八幡太郎義家を始祖として、後に鎌倉幕府を開く源頼朝、さらにその後、鎌倉幕府を倒す新田義貞、室町幕府を開く足利尊氏らを輩出することになるのである。

義家の息子・源義国は父と共に縁の深かったこの東国の地に定着し、荘園を開いて都の貴族から転じて、地に足を着けた武家集団としての道を歩むことになる。

　すなわち、義国は息子ともども東国の地の荘園開拓に専念した。
・長男…新田義重(よししげ)は新田荘　大間々扇状地の最西部扇端に位置する。
・次男…足利義康(よしやす)は足利荘　大間々扇状地の最東部に位置する。

　ここでは主に新田荘に着目しながらその開発、発展の様子を見ていくことにしたい。

　以下、年表を軸にして新田荘の開発と発展史を記していくことにする。

図5-2　新田氏と足利氏の家紋

・1142(康治元)年　源義国が足利荘を立荘する

　この後、義国は朝廷に仕える高官と内紛を起こし、足利荘に隠棲(いんせい)する。

　義国は足利荘を次男の義康に任せ、自身は長男義重とともに新田荘の開拓に専念する。義国・義重親子が選んだのは大間々扇状地の南西端、すぐ南を利根川が流れる地であった。

　大間々扇状地は何年か前の浅間山天仁大噴火（1108年）によって降灰の被害が大きく、その疲弊がまだ癒(い)えないでいた。

　義国・義重親子は新田郡の早川という小河川が流れる近くに居を構え、水田の用水を整備し、周辺の農村の開拓と発展を進めていった。

・1157(保元2)年　新田荘「空閑(くが)の郷」19郷が立荘

　義国は前年亡くなっていた。新田義重は自身が開拓した19郷を鳥羽院御願寺の金剛心院に寄進し、新田荘下司職に補任された。この時点で新田荘が正式に立荘された。

・1170(嘉応2)年　新田荘域は新田郡のほぼ全域に及び56郷にまで拡大した

　新田義重は嫡子である新田義兼(よしかね)へ所領を譲渡した。大間々扇状地は火山灰

第1部　大間々扇状地

土が堆積したいわゆる関東ローム層であり、その上に渡良瀬川が運んだ土が重なったので土地が豊かで、新田荘は着実に発展、拡大を続けた。

　この年、八王子丘陵を挟んで隣接する園田御厨(みくりや)と紛争を起こす。これは領地拡大を巡っての争いであるが、おそらくは渡良瀬川からの用水問題が争点だったように思われる。
(ちなみに御厨とは御=神、厨=台所の意であり、伊勢神宮や賀茂神社へ収穫物を奉納する神領のことである)

　新田郷は早川を除くと有力な水源を持たない。利根川は扇状地の下部を流れているため利用することができない。田畑を拡大するためには、渡良瀬川から水を引くしか方法がない。

　従って、この時代から渡良瀬川から新田地方へ導く用水は存在したと思われるのであるが、詳しい記録は残されていない。

・1221(承久3)年　世良田(得川)義季(よしすえ)が長楽寺を開基した

図5-3　新田義貞像
(新田荘歴史資料館)

　当時は鎌倉時代、新興仏教として禅宗が台頭していた。僧栄西は中国に渡り臨済派の仏教を修めて帰国し、京都や鎌倉で布教に努め臨済宗の高僧として知られていた。世良田(得川)義季は栄西の高弟栄朝を、礼を厚くして迎え世良田に長楽寺を開基した。

　この頃には、新田荘は義重の子孫たちである新田氏宗家、世良田氏、岩松氏の3氏の間で分割統治された。

　新田氏宗家は新田義政の時代に不謹慎な振る舞いがあったため、鎌倉幕府によって所領の大半を没収され、世良田氏や岩松氏ら一族に分割されてしまった。宗家には新規開拓した所領のみが残された。後に惣領(そうりょう)の地位を回復するが、新田荘の中では小領主に転落してしまった。

・1333(元弘3)年　新田義貞鎌倉幕府倒幕、建武中興

　新田荘は以上のような経過をたどり、新田氏宗家の新田義貞の登場とな

る。

　鎌倉幕府は執権の北条氏が実権を握るようになり、承久の乱（1221年）以後皇位継承にまで朝廷に干渉するようになった。朝廷側には幕府打倒の思いが募った。

　1333年、後醍醐天皇は鎌倉幕府打倒を呼びかけた。これに応じたのが源義国の子孫たちである。足利荘の宗家だった足利尊氏は京都の六波羅探題（幕府による朝廷の監視所）を攻めた。

　一方、新田荘の新田義貞は兵を挙げた。新田生品神社で出陣式を行ったときには僅か150騎だったが、各地の源氏一族に呼び掛け、その呼び掛けに応じた源氏の一族たちが加勢した。その数数千とも数万ともいわれる大軍である。

　義貞軍は、小手指原（埼玉県所沢）・久米川（東京都東村山市）・分倍河原（東京都府中市）での戦いを経て、兵を鎌倉七口である巨福呂坂・化粧坂・極楽寺坂の三手に分けて鎌倉市中攻撃を開始した。

　だが、幕府の守りは固く、攻防一進一退を繰り返す中、稲村ケ崎を突破して鎌倉市中に攻め入り、倒幕の偉業を成し遂げた。

　後醍醐天皇は、ただちに院政ならびに関白を廃して天皇親政の政権を樹立した。これを建武中興といい、この年を建武元年と改元した。

　だがこの天皇親政はうまくいかなかった。天皇親政は武士の立場を軽視し、急激な政治体制の変革は武士団の不満を惹起したのである。

　この時点での尊氏と義貞の情勢判断と決断が2人の運命を分けた。

　足利尊氏は武士団の意向を汲み、後醍醐天皇に反旗を翻した。あくまでも天皇に忠誠を誓った楠木正成や新田義貞は足利尊氏と敵対する関係となってしまい、その結果足利軍によって滅ぼされた。

　元々源義国の息子であった足利氏と新田氏は相協力して鎌倉幕府を倒したものの、直後に敵対する関係となってしまい、新田氏は滅ぼされてしまったのである。

　足利尊氏は光明天皇（北朝）を擁して室町幕府を開き、後醍醐天皇（南朝）は自らの正当性を宣言して争った。この時代を南北朝時代という。

　1335年、足利尊氏は東国にある新田氏一族の所領を没収した。そして長

楽寺に寄進した。

・1469（応仁3）年　新田金山城の築城着手

　南北朝の動乱を経て新田氏宗家は滅亡した。新田一族は新田荘各所でひっそりと隠棲するしかなかった。やがて時が移っていくと、室町幕府の締め付けも緩くなった。
　いつしか新田氏惣領職は岩松氏に与えられた。1469年に岩松家純によって新田氏は統一される。この年に新田金山城の築城が着手される。金山は大間々扇状地のほぼ中央に位置し、八王子丘陵のその先南端にある。この山頂からは関東平野が一望される絶好の要衝である。
　1477年、築城となった金山城に岩松家純が入城した。

・1528（享禄元）年　横瀬氏が金山城主となり戦国大名へ

　横瀬氏は岩松氏の家老職であった。この年に藩主の岩松昌純を殺害し、下剋上によって金山城を乗っ取った。後に横瀬氏は由良と改姓し、戦国大名として名乗りをあげる。由良氏は、金山城を拠点として周辺地域へ勢力を広げ、東群馬一帯を支配する戦国大名となる。
　ここで横瀬氏の出自と由来について触れておくことにしよう。
　横瀬氏は、小野篁の流れをくむ小野氏の末裔とされる、武蔵七党の横山・猪俣氏の一族である。上野新田郡横瀬（現深谷市横瀬）を本領とし、小野氏と称したが、後に横瀬氏を名乗ったようである。
　横瀬氏には新田義貞の三男貞氏が娘婿として入り、新田氏の縁戚ができて岩松氏の家老として仕えたとされる。だが、このあたりの真偽については明らかではない。

・1566（永禄9）年　徳川家康が新田氏の子孫となる

　松平家康が徳川と改姓したのは永禄9（1566）年のことで、これには深い訳があった。
　この年に三河一国を手中におさめ、朝廷に申請して三河守に任じられたときという。はじめ、この申請を受けた正親町天皇は、氏素性のはっきりしない者には官位は与えられないという理由から、「先例のないことはできない」

と拒絶した。

当時は平氏か源氏の流れを組む武将でないと、朝廷から重要な官位は与えられないという慣例があった。

そこで家康は、「徳川」という源氏・新田氏の流れをひく系図に目をつけ、それを自分の系図に仕立てた。これによって、家康は三河守源家康となったのである。家康の系図によれば、源義国―新田義重―徳川（世良田）義季が三河郷松平家の先祖だという。

家康の系図をさかのぼる8代前の先祖に親氏という人物がいた。親氏は松平家に婿として迎え入れられたのであるが、彼は源氏新田氏の末裔で、上野国新田荘得川郷（現太田市徳川町）が郷里であったが、足利幕府に追われて徳阿弥と称する時宗の遊行僧となり、諸国流浪の末三河国に入ったという。

この系図には空白の時代があり、必ずしも歴史の上で証明されたものではない。だがそういう疑念を振り払うかのように、家康は新田氏が自分の先祖だということを、既成事実として実行に移していった。

・江戸時代の新田荘と新田氏

家康は新田家の始祖・新田義重を祭るために、義重の戒名を冠名とした大光院新田寺を建立した。慶長18（1613）年のことで、正式名を義重山大光院新田寺という。

初代住職には芝増上寺から呑龍という名の僧を迎えた。呑龍上人はよほど滋味あふれる高徳の僧であったらしい。貧しい子どもの面倒をよくみたという。いつしか人はこの寺のことを「子育て呑龍様」と呼ぶようになり、子どもの健やかな成長を願う人々で賑わう寺となった。

さらに世良田義季が高僧栄朝禅師を迎えて開基したとされる、世良田にあった長楽寺を復興させた。

両寺とも江戸時代を通じて徳川幕府から手厚い待遇と保護を受けた。すなわち大光院新田寺は300石、長楽寺は200石という破格の手厚い寺領が与えられた。

図5-4　世良田東照宮

家康の死から1年後に、日光東照宮が建立された。彼の遺骸もそこに祭られた。「東照大権現」とは、朝廷から与えられた徳川家康の戒名である。

　日光東照宮は3代将軍家光によって、今日の豪華絢爛たる姿に全面改修が行われた。最初に建立された東照宮や拝殿ゆかりの品々は、新田義重の居宅があったあたりに移築された。今日に世良田東照宮として気品ある姿を伝えている。東照宮には神領200石が与えられた。

　余談ではあるが、元は同家の出である新田氏と足利氏の栄枯盛衰を見てみよう。その評価と命運は「塞翁が馬」の故事を思わずにはいられない。

- **室町時代**　足利尊氏は幕府を開いて将軍となり、新田義貞は越前で戦死し、新田氏は滅ぼされ歴史の表舞台から退場してしまう。月とスッポン、天と地ほどの差がついてしまった。
- **江戸時代**　新田氏は将軍徳川家康の先祖として、それなりの立場を与えられて復権した。
- **明治時代**　明治政府は富国強兵を国家目標に掲げて天皇を中心とする立憲君主国の国家体制を布いた。新田義貞に代表される新田氏は忠君愛国の理想像として顕彰された。一方の足利氏は天皇に反逆する武将として位置付けられた。室町時代とは真逆の立場となった。
- **昭和以後現在**　それぞれ歴史に刻まれた武家名門として、その立場に相応しい歴史的な遺跡が今日に残されている。

　　新田氏…世良田東照宮、長楽寺と大光院新田寺（子育て呑龍様と愛称される）。

　　足利氏…足利家菩提寺である鑁阿寺は国宝である（大日様と愛称される）。

　源義家・義国親子が大間々扇状地に蒔いた2粒の種はやがて足利尊氏、新田義貞に結実し、この地を歴史ドラマの表舞台に登場させた。何の因果か、それは徳川家康に引き継がれ、大げさに表現すれば日本史の主役たちの揺籃の地となったのである。

6．戦国時代の由良氏

　新田堀（新田用水とも呼ばれる）はいつ頃造営され、利用されてきたのだろうか？

　この疑問に確たる証拠はないのであるが、推論を含めて話を進めていく。渡良瀬川から水を引いて新田地方に農業用水を供給する用水路を新田堀と称するならば、この疑問に対する答えは時間軸を二つに分けて考えておく必要があるだろう。

　　Ａ．前由良氏時代…新田荘時代から規模の大小は別にして、利用されてきたと考えられる。だが、それを示す確かな史料はほとんど残されていない。
　　Ｂ．由良氏時代の新田堀普請以後

　一般的にはＢの由良氏時代以後を新田堀と称すると考えるべきであるが、その前提としてＡ時代の用水路について簡単に触れておきたい。

　大間々扇状地は八王子丘陵と金山によって東西に分けられているが、西側は新田郡、東側は山田郡である。元々新田地方の用水は標高60メートル付近の湧水と沼、八王子丘陵からの沢水しかなく、その量は限定的であった。そのため東側にある渡良瀬川から用水路を引きたいという願望は古い時代からあったのに違いない。

　一方山田郡側は広沢という地区があり、古い時代から開け大きな人口があった。その中心は賀茂神社のある辺りで、八王子丘陵からの沢水を利用して農業が盛んな地域だった。

・**賀茂神社**
　平安時代の『日本後紀』に、延暦15（796）年に官社に列せられた延喜式神社に、上野国12社の一つに広沢郷の賀茂神社が選ばれた。

・**大同堀**
　広沢には渡良瀬川上流の赤岩地区から取水した広沢用水があった。造られた時代から別名大同堀とも呼ばれていた。大同年間とは806年から810年である。

すでに広沢用水は存在していたのであるから、この用水路を下流に延長して、新田地方へ用水を供給することは難しいことではなかったはずである。新田氏の荘園時代からそのようなかたちで利用されてきたと推定される。但し、その量は限定的であった。
　渡良瀬川から直接引水していたとしても何分取水口が自領地ではなかったので、必要にして十分な水量は確保できなかったものと思われる。
　以上が前由良氏時代の新田堀についての前置である。
　以後由良氏時代の新田堀普請に話が進んでいくのであるが、その前に日本は戦国時代にあり、日本統一に向けた天下取りの争いがあった。北関東の一地方大名であった金山城主由良氏も否応なしに、この争いの渦中に巻き込まれていく。
　日本全体の動きと関連づけながら由良氏の命運について触れてみよう。
　時代をいくつかに分けて関係する要点に触れていくことにしたい。

【1】京都で応仁の乱（1467～1477年）起こる

　室町幕府第8代将軍足利義政の後継を巡って、将軍を補佐する管領の細川勝元と山名宗全がそれぞれ東軍と西軍に分かれて、京都を舞台にして戦われた。この戦いは11年間も続き、室町幕府の権威と指導力は急速に衰えた。その後日本は、幕府なき戦国時代へとつき進んでいくのである（絹織物産地として有名な京都西陣は、山名宗全が西軍の陣地を構えたところであったことから、その名がつけられた）。
　この時代、大間々扇状地にある新田地方では新田家の後継者たる立場の岩松家純が、新田金山城を築き始め、1477年に金山城に入る。
　一方の山田郡では桐生氏が桐生梅田地区にあった柄杓山に城を築き、要害のための外堀として新瀞堀を設けて、それぞれが勢力拡大に動いて何かと対立するようになった。

　それから少しの年月が経ち、外国から新しい文物が日本に伝えられた。これがその後の日本に有形無形のかたちで大きな影響を与えることになる。
・1543年　種子島に鉄砲が伝来する。
・1549年　ザビエルによってキリスト教が伝来された。

特に鉄砲は、幾ばくも経たないうちに日本でも大量に製造されるようになり、戦国時代おける鉄砲の存在が天下統一に大きな役割を果たしていくことになる。

【2】 由良氏が新田の支配者となる

由良氏は元々横瀬という姓で、金山城主岩松家に仕える家老であった。ところが岩松家のスキに乗じ、謀反を起こして金山城の城主となり実権を握った。享禄元（1528）年のことである。

図6-1　太田金山城

金山城主となった横瀬氏は後に由良と改姓し、北関東の地で着々と勢力を広げていた。

由良成繁の息子は国繁であり、金山城主として新田地方を支配していた。国繁の弟・顕長は足利・館林を支配していた長尾家に養子として迎えられ、長尾顕長となって足利・館林の領主となったのだ。

つまり由良成繁は息子たちが新田、足利、館林を支配する北関東の、一大戦国大名となったのである。

【3】 由良氏VS桐生氏　水争いから戦端を開く

桐生氏は桐生梅田地区にある柄杓山を居城とし、桐生・大間々を領地としていた。そして下野国の佐野を領地とする佐野氏を後ろ盾としていた。

一方の由良氏は新田地方を領地とし新田金山城に居を構えていた。桐生・由良両氏は渡良瀬川を間にして境界を接し、それぞれ領地拡大に邁進するライバルの関係にあった。

桐生氏は渡良瀬川の上流を支配し、由良氏は川の下流に位置し、渡良瀬川からの用水を必要としていた。両氏は互いに勢力拡大に鎬を削っていたから、勢いのおもむくところ水争いで揉めていたのである。

両氏はついに戦端を開いて雌雄を決することになるのである。その顛末は『関東庭軍記』という歴史物語に詳しく記述されている。それを引用しつつ両氏の争いの様子を見てみよう。

「観応元辛寅の春、同所柄杓山という所に、僅に在城を取立、同２年の春、要害のためにとて、荒戸村元宿という所より渡良瀬川を堀り入（新瀞掘）、末は桐生川に流して実に由々しき構なれば、諸人奇異の思をなし、分国巳に長久せしむ。

年月巳に積て元亀２年迄歳霜219年に及べり。是によって新田領数年渇水せるによって民家此事を城主へなげきける事もっとも也。されば其年の夏の比、天下悉く旱魃（かんばつ）に及べり。

兼て新田領渇水いたす事を、新田城主御迷惑に思召、此度水御所望なされんための、御使者に藤生紀伊守に高橋丹波を添られ仰せ付られたり。

されば桐生殿渡良瀬川に堰を閉じ給えば、数年新田より是を破らんと欲して、渡良瀬川にて桐生新田の水論数年に及べり。是をささえて荒牧新蔵という者、知行の地下人を添て、彼堰番にさしおかれけり」

桐生氏が要害のために開削した新瀞堀（現在では新川と呼ばれている）は、新田地方へ水を通す用水の取水口をバイパスしてしまうものだった。そのため新田地方の水田の命運は桐生氏に握られているといっても過言ではなかった。この渡良瀬川からの用水問題は桐生・由良両氏の長年の遺恨、禍の原因だった。

由良氏はついに堪忍袋の緒を切って、桐生氏と武力に訴えて解決を図る決心を行った。兵を進める前に一計を案じた。

桐生城主の桐生親綱（ちかつな）は佐野氏から迎え入れられた城主であった。随伴の元佐野氏家臣を重用し、元からの桐生氏忠臣を軽視していた。そのため家臣間で不満が鬱積（うっせき）し内紛一歩手前の状態にあった。

由良成繁はそれをチャンスと見た。腹心の藤生紀伊守（きいのかみ）に命じて桐生氏家臣の切り崩し、すなわち寝返り工作を図ったのだ。この工作は的中し、主要な家臣が由良氏側についた。戦う前から勝負はついていた。

天正元（1573）年、由良氏は桐生城に攻め込み桐生氏を追放し、桐生領50余か村は由良氏の支配するところとなった。

実はその少し前の元亀元（1570）年、由良成繁は息子でもある足利・館林領主である長尾顕長と相談のうえ、それぞれの地の新しい用水路建設の計画と普請を進めさせていた。

すなわち、由良家家臣・荒山小左衛門には新田への用水・新田堀を、長尾氏家臣・大谷新左衛門（休泊）には矢場・休泊堀を普請する命を与えていた。

この普請を実行に移すためには、桐生親綱の存在はいわゆる「目の上のたん瘤」だったのだ。由良成繁が桐生城主となったので、計画された用水路普請は本格的に進められることになった。

【4】戦国時代たけなわへ

ところが世は戦国時代、それも織田信長・豊臣秀吉・徳川家康が天下統一に向けて大きく動きつつあった。北関東の一地方戦国大名に過ぎなかった由良・長尾氏も、この天下統一に向けた大きな渦の中に否応なしに巻き込まれていくことになる。

日本全体の動きのなかで、由良・長尾氏がどう対応したのか見ていくことにしよう。

由良成繁が桐生氏を追い出して、梅田地区にあった柄杓山桐生城に入城したのは天正元（1573）年のことであった。成繁は新田堀の本格的な普請を進めるとともに、桐生領内の巡察を始めた。

この当時の日本全体の動静は次のようなものであった。天下取りを目前にして風雲は急を告げていた。
- 1570年　姉川の戦い　信長・家康連合軍は浅井・朝倉軍を打ち破った。
- 1572年　将軍足利義昭が信長に降伏し、室町幕府は幕を閉じた。
　　　　　以後、天下取りに向けて戦国時代は佳境に入る。
- 同　年　武田信玄が三方ヶ原の戦いで徳川家康を敗者にあと一歩のところまで追い詰めた。だが信玄は翌年病死してしまう。
- 1575年　長篠の戦い、武田勝頼軍は信長・家康の鉄砲隊の前に大敗した。その結果、武田氏は滅び、後に家臣たちは家康に取り込まれていった。
- 1582年　本能寺の変。明智光秀の謀反により織田信長は天下統一を目前にして非業の死を遂げた。秀吉はその光秀を討ち、織田信長の後継者の地位を固めた。
- 1583年　賤ヶ岳の戦い。秀吉が柴田勝家を破り天下統一を不動のもの

第1部　大間々扇状地

とした。
- 1585年　大阪城天守閣完成。

　豊臣秀吉が天下を統一しつつあったが、関東一円の支配者は小田原の北条氏だった。北条氏は秀吉軍との対決が避けられないものと覚悟し、小田原城の防備を固めるとともに、関東地区の諸大名に対する締め付けを厳しく行った。

- 1584（天正12）年　北条氏は打ち合わせと称して小田原城に由良国繁・長尾顕長を招致した。が、2人を人質にする強行手段に出て、新田金山城に攻め込んだ。いわばだまし討ちである。金山城は由良氏家臣軍が籠城して抵抗したが、領主が人質に取られてはどうにもならない。やがて由良氏側では、金山城を明け渡すことを条件に北条氏と和議を結んだ。

　こうして金山城と新田領は北条氏の支配するところとなり、由良国繁は桐生城への後退を余儀なくされた。足利・館林領も同じである。
　だが、その北条氏もやがて秀吉・家康軍と雌雄を決しなければならない時を迎えた。
　1590（天正18）年、秀吉・家康軍は20万余の大軍を擁して小田原城を取り囲んだ。だが、小田原城は天下無双のスケールの大きい堅固な要塞であった。秀吉軍も威圧的な包囲を続けたが無理に攻め込むことはしなかった。
　代わりに秀吉は、小田原城を望む高台に見かけは巨大な一夜城を築き、北条氏に強いプレッシャーをかけ続けた。
　こうした籠城戦が3か月も続いた。城内では降伏か一戦を交えるかの意見が対立し、いわゆる「小田原評定」が延々と繰り返された。

図6-2　桐生領54か村

- 44 -

結局のところ、当主北条氏直がみずから切腹して降伏した。こうして関東の支配者だった北条氏は滅亡した。

【5】 小泉城の富岡氏

　新田領金山城由良氏と足利・館林領長尾氏の中間の位置に、富岡氏が小泉城主として小泉領を支配していた。防御に弱い平城(ひらじろ)であったが、北条氏の後ろ盾を得ながら、由良・長尾氏とも政略、戦略のバランスをとって、戦国時代を生き残ってきた。

　だが、北条氏の滅亡とともに小泉城は廃城となり、富岡氏およびその家臣たちは離散した。最後の領主富岡秀長の長男新六郎は、浜田村（現太田市下浜田町）に定着し、新兵衛と改名して帰農した。

　現在では、小泉城は城の内公園として地元の人たちの花見の名所、あるいは憩いの場となっている。この城跡は戦国時代の城郭の様子を今日に伝えている。

【6】 その後の由良氏

　では由良国繁の運命はどうなったのか？

　国繁・顕長兄弟は北条氏の支配下にあったため、やむなく手兵を引き連れて小田原城に籠城した。北条氏が降伏・滅亡したとき、本来なら由良家も同じ運命にあったかもしれない。だが実際にはそうならなかった。国繁の母妙印尼(みょういんに)（成繁の妻）の活躍があったからである。

　妙印尼はかつて息子国繁・顕長が人質に取られ、金山城が攻められたことから、北条氏に対する不信感が強く残っていた。彼女は北条軍の必敗を信じた。

　それで妙印尼は孫の貞繁とともに一軍を編成して、上野国北方から攻め込んだ秀吉軍に加勢したのである。

　戦国時代の女性はしたたかで強かった。妙印尼は秀吉の重臣前田利家に書簡を送り、由良家の存続を願い出た。これが秀吉に通じた。秀吉の裁定により由良家の存続は安堵されたのである。

　関東八州の支配者だった北条氏を滅ぼした秀吉は、代わりの新しい支配者として徳川家康を指名した。秀吉からすれば強力な協力者であり、同時に危

険人物かもしれない家康を、体よく東国へ追いやったつもりだったのだろう。

こうして家康は江戸に入国した。その際、家康は桐生の由良氏について国替を行い、常陸国牛久5000石の領主とした。このとき由良家家臣の多くは、それまでの領地であった新田や桐生の地に残ってそのまま帰農したのである。

家康は、自身の先祖は上野国の新田氏だとしている。由良氏はその後継者という立場でもあったのだ。こうした忖度と配慮が働いて由良氏は生き残ることができた。そして江戸時代を通じて高家旗本5000石としての立場を与えられた。

【7】幸運だった桐生

事のついでにもう少し話を続けよう。

江戸に入国した徳川家康は、広大な関東平野の可能性に着目した。そしてこの地を開発・整備して発展させれば、日本の新しい中心地になるはずだと確信した。

それで江戸城と江戸の城下町の整備、利根川を始めとする河川改修工事、江戸を中心とした五街道の整備、それぞれの土地の産物や特質に応じた地方の町の振興と整備を推し進めた。

その一つに選ばれたのが由良氏の支配地であった桐生である。桐生は大きくは赤城山麓に連なる大間々扇状地の一部である。同時に渡良瀬川の支流である桐生川による扇状地でもあった。

山が平野につながる突端にあるのが扇状地の特徴であり、占有地の多くは中山間地である。稲作だけで生活できる十分な広さの水田が得られない。そのため養蚕・製糸・織物・林業などに活路を見出さなければならなかった。

家康の腹心で幕府代官であった大久保長安は、大野八右衛門を手代として派遣し桐生の町建てを行った。場所は桐生氏、そして由良氏の居城であった柄杓山の麓を流れる桐生川の扇状河川敷で、それまで荒戸ヶ原と呼ばれていた荒地である。

こうしてできたのが桐生新町であるが、その建設途上で起きたのが天下分け目の関ケ原合戦（1600年）である。

「石田三成蜂起！」

　この一報がもたらされたとき、家康はたまたま下野国の小山にいた。上杉氏征討の途上にあったのだ。軍議が開かれ、三成と雌雄を決することに議は一決した。戦の準備がすぐに着手された。

　その一つが軍旗の調達である。家康は桐生の農民に絹旗の手配を命じた。農民たちは直ちに生産に着手して2410疋の絹旗を織りあげ家康に献上した。

　家康は関ケ原合戦に大勝利した。結果、桐生領は織物産地として知られるようになり、織物で発展する大きなきっかけとなった。自称「権現様（徳川家康の戒名）御吉例の地」を名乗って利用した。

　家康は1603年に江戸幕府を開き、この後270年続く江戸時代に入ったのである。

　今まで本文で再三触れた、大間々扇状地を二つに分ける小山脈は八王子丘陵と呼ばれる。そのいわれは次のような次第だとされている。

　桐生新町建設の陣頭指揮にあたったのは、大野八衛門以下八王子同心たちであった。彼らは桐生新町高台に陣屋を定めた。

　陣屋から南西方向にある故郷の方角を眺めると、八王子周辺の山並みによく似た山の風景が目に入った。そのため彼らは八王子丘陵と呼ぶようになり、それがいつしか定着したのだという。

戦国時代の年表

A．由良氏と桐生氏	A．日本史
1350　桐生氏柄杓山に桐生城築城 　　　要害のため新瀞堀を通す	
1467（応仁3）　太田金山城築城開始	1467～1477　応仁の乱（京都戦乱）
1477（文明9）　岩松家純金山城に入る	1543　種子島に鉄砲伝来 1549　キリスト教の伝来
1528（享禄1）　横瀬泰繁謀反により金山城主へ	1560　桶狭間の戦い　今川義元敗れる
1565（永禄8）　横瀬成繁　将軍家より刑部大輔 　　　　この頃横瀬を由良と改名	1566　松平家康が徳川家康と改姓する 1570　姉川の戦い信長・家康浅井・朝倉に勝利
1569（永禄12）　成繁の息子足利長尾氏へ入婿 　　　　足利城・館林城主となる	1572　室町幕府に幕（足利義昭信長に降伏） 　同　三方ケ原の戦い家康が武田信玄に完敗 　　　（翌年信玄死去）
1570（元亀1）　由良家臣荒山小左衛門：新田掘　長尾家臣大谷新左衛門：休泊掘 　　　　それぞれ用水堀の普請を行う	1575　長篠の戦い　武田軍（勝頼）完敗
1573（天正1）　由良氏桐生城を攻略 　　　　由良成繁桐生城主となる	1582　本能寺の変で信長死去 1583　賤ケ岳の戦い柴田軍大敗、秀吉天下へ 1584　徳川軍長久手の戦いに勝利
1584（天正12）　太田金山城、小田原北条氏に攻め込まれる。金山城は北条氏支配下に	1585　大阪城天守完成
1585　　由良国繁は桐生へ退去	1588　秀吉の刀狩り
1590（天正18）　北条氏滅亡徳川家康江戸入国 　　　　由良氏は牛久5000石へ国替 　　　　由良家家臣の多くは新田・桐生で帰農	1590　小田原の北条氏滅亡 　　　徳川家康江戸に入国
1590年代　　桐生新町の建設開始	1598　秀吉死去　秀頼は6歳
1600　　桐生の農民2410疋の絹旗を家康に献納	1600　関ケ原の合戦 1603　江戸幕府開府 1614～1615　大阪夏冬の陣、豊臣氏滅亡

第 2 部　待矢場両堰

7．新田堀と休泊堀の普請

　新田領主・由良成繁と足利および館林領主・長尾顕長が、それぞれの領地の新田開発のための用水路普請を命じたのは元亀元（1570）年のことであった。

　成繁は自領の普請奉行に荒山小左衛門を、息子の足利・館林領主の長尾顕長は大谷新左衛門（後に休泊と改名）を普請奉行に抜擢した。荒山、大谷ともに測量、地図作成、用水普請に通じたその道のエキスパートだった。

　荒山奉行が担当したのは、新田地方へ給水する新田堀の普請であった。この用水はそれまでも、広沢用水（大同堀）と広沢地区の渡良瀬川から水を引く用水路があった。だが、肝心の取水口が自身の領地ではなかったため、安定した維持管理ができないでいた。

　桐生氏からすれば自領内の渡良瀬川から水を引いて、そのことで対立するライバルの由良氏が潤い、勢力拡大にはしることは面白いことではない。

　それであの手この手で嫌がらせをした。新田への用水の取水口を迂回する新瀞堀を拡張したり、用水の使用に対して法外な課金を突き付けてきた。

　由良成繁は堪忍袋の緒を切り、桐生氏に戦さを仕掛けて勝利し、桐生氏を追放して桐生領主となった。天正元（1573）年のことだった。

　成繁は桐生領内を自ら巡察すると同時に、荒山小左衛門を呼んで命じた。
「今まで桐生氏側の妨害にあって用水普請もさぞやりにくかったであろう。要害は取り除いたから思う通りに進めることだ。これからはこの用水路を新田堀と呼ぶことにする」
「は、ありがたき仕儀にございます」
「新田堀は最大限の水を供給する用水でなければならない。わが新田の今後の発展は新田堀如何にかかっておるぞ」

　そう言ってから、足利長尾氏の大谷新左衛門休泊と連携して仕事を進めろとも命じた。
「誓って期待に応えましょう」

　小左衛門は緊張した面持ちで答えた。ここから新田堀の本格的な普請と造営が始まった。

荒山奉行は部下とともに現地調査と測量、用水路の選定、設計図作成と工法、予算や人足の見積作業に没頭した。

　新田堀は広沢郷の中ほどの福島というところから取水する。ここから水を引いて松原を抜けて一本木、唐沢、吉沢を通り、丸山という小山を左手に見ながら八王子丘陵の山裾を右に迂回して強戸村へ至る。

　この強戸で八王子丘陵西側の沢水を集めた蛇川という小河川と合流する。取水口から強戸まで長さおよそ10キロメートルの用水路が新田堀である。強戸から先は新田郡となるので長堀と名称を変えて、大間々扇状地を横断するかのように用水を流す。

　荒山奉行は考えた。
（福島の取水口から唐沢までの距離は、直線に換算しておよそ2.5キロメートル強である。扇状地の傾斜がならして平均5メートル／キロとすると、落差12.5メートルを確保できる）
（一方、取水口から八王子丘陵の山裾までは渡良瀬川の河岸段丘が形成されている。その段差はやはり10メートル近くある）

　地勢を観察すれば、唐沢の先の吉沢村に至ると八王子丘陵は西側へ後退し、一方の渡良瀬川はさらに東側に流れを大きく変えている。このため急に平地が広がっている。新田堀の効果を最大ならしめるには、水量を最大にすることと、用水の流路を丘陵山裾の高い位置に引き上げなければならない。
（水は高きより低位に流れるのが物の道理というものだ）

　荒山奉行はたとえ困難はあろうとも唐沢で、水路を丘陵麓の高台に近づけることにして図面を引いた。

　唐沢という地は元々丘陵からの沢が流れて形成された小扇状地である。水が地面に浸み込むために涸(か)れ沢となることから涸沢、それが転じて唐沢となったのだった。

　そのためこの地では渡良瀬川による河岸段丘の傾斜が緩やかであり、用水を山際に近づけるのに最適な条件を備えていた。

　荒山が決定した用水の流路は次のようである。

　取水は松原の上流に位置する福島とする。川原が広くなっているので、水の制御が比較的やりやすい。更に加えて広沢用水の主要な末流がここに灌(そそ)がれている。この水も利用できる。この取水口を待堰と名づけた。

取水後松原の集落を抜けるまでは、渡良瀬川の近傍を平行になるように流す。既存の水田を取り潰すことのないよう配慮した。

　松原を抜けたところ、待堰から数百メートル下流で右に方向を変えて、渡良瀬川と丘陵の中間まで近づける。そして再び渡良瀬川と並行に水を流す。

　待堰から1.7キロメートル下流の一本木という地点に、水を貯める大きな堰と水門を設けた。その目的は二つあった。

　一つはこの堰の両側の堤防を高く造成し用水の水位を高める。ここで水位の高さを稼いでその勢いで、下流に位置する唐沢で一気に丘陵麓まで用水を持っていくという計画である。

　もう一つの目的は用水を分流し、水路を矢場堰に直結して水を流すことであった。

　下流の矢場堰は古くから存在した。この堰は永正年間（1504～20年）に、山田郡矢場村に居住した新田岩松家の家臣矢場氏が、領内の田畑を灌漑する目的で設けた堰であった。

　矢場川やすぐ隣の韮川は元々渡良瀬川の流路であったようである。奉行の大谷新左衛門休泊は、矢場堰から取り入れた用水を矢場川、韮川に通して、さらに新たに開削した休泊堀を下流に延長、邑楽郡を通して館林方面へ流す用水を普請した。大谷奉行が開発整備した用水は、その名から休泊堀と名づけられた。

　その矢場堰も同じ唐沢地区に設けられていた。荒山が設けた一本木の水門とは至近距離にあり、１キロメートルと離れていない。

　荒山小左衛門は新田堀の待堰と矢場用水の矢場堰とを、連携して一体となるものと位置づけたのである。それで小左衛門は一本木に設けた新田・矢場へ分流する堰のことを、新田堀水門（その構造と役割から洗堰とも呼ばれる）と名づけた。

　新田堀と比較して、矢場川・休泊堀の方がはるか下流の館林方面にまで水を供給する必要があり、より多くの水量を必要とすると見積もられた。それで取水口を二つ設けて安全と確実を期したのである。

　新田堀の待堰と矢場堰を連携させるという構想は、二つの用水の安定供給という観点からみて卓見であった。但し、両用水の必要量に応じた水量の配分を差配する必要性も求められた。

こうして方針が固まると事業計画が普請へと移されていった。実行にあたっては、

- 農繁期である4月から10月までは普請は行わない。通常の農作業に差支えなきこと。
- 強戸の先、長堀の普請については受益者負担の原則により、新田領各村の農地面積や石高に応じて労務者、工事費用は各村で責任を持って行うこと。
- 新田堀工事は11月から3月までに行うこと。作業人員総計300名程度と見込んで、これも各村から選出。日当として5合の米を配布する。この他に100名ほどを、取水口の待堰工事、一本木の水門の工事に充てた。
- 工事に必要な用具―クワ、材木や杭、荒縄、蛇籠、モッコなどは普請奉行が手配発注する。
- 第1期の工事期間は3〜4か月。翌年度にさらに改良工事を行う。
- 収穫高のある割合―1割程度と想定。これを普請、洪水被害対策、補修費として確保する。

　等の方針を決めて、工事に取りかかった。
　新田堀幹線水路は幅2間（3.6メートル）、深さ4尺（1.2メートル）とした。用水路には低位側、すなわち渡良瀬川側に農道の利用と堤防決壊防止のため幅1間半の側道を設けた。掘った土砂はこの側道建設に回した。
　これで土砂搬送の手間が省けた。しかも堅牢で利便性の高い農道が確保できて、一石二鳥のアイデアである。

　普請工事着工半年後、初めて堀の通水を行った。それまでの水量に比べてはるかに多量の水を供給できることがわかった。工事関係者はまずまずの成果に安堵したが、本来の目標とした水量には及ばない。
　荒山小左衛門は領主の由良成繁に報告方々上申を行った。
「初年度としてはまずまずの成果ではありますが、これから更に力を入れて拡充に努めなければなりません」
「思うところがあれば申してみよ」

第2部 待矢場両堰

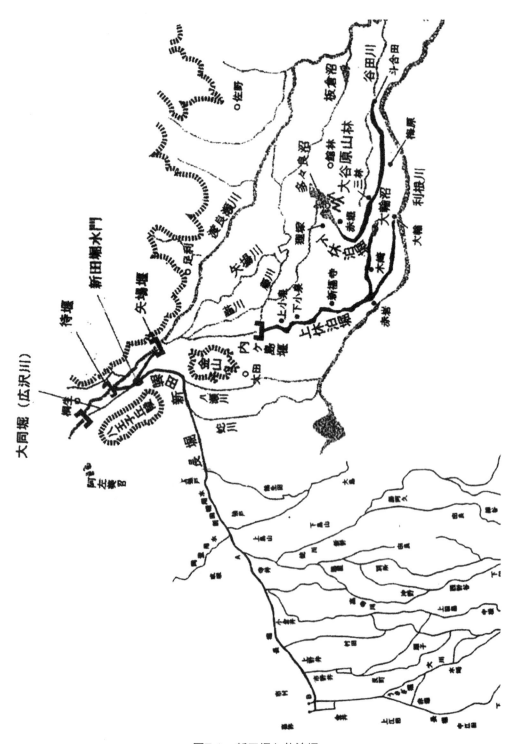

図7-1　新田堀と休泊堀

「はっ！取水口たる待堰と一本木の新田堀水門に、運営管理のできる責任者を置いて、安定して用水を供給できる体制を敷いていただきたいと存じます」
「確かにそちの言う通りじゃ、相わかった」
　由良成繁はすぐに動いた。腹心の桐生城代家老の藤生紀伊守を呼んで相談した。
　紀伊守は答えた。
「確かに荒山奉行の申す通りです。新田、足利、館林発展の命運はこの用水にかかっております」
「そこでお主にもひと肌脱いでもらいたい」
「待堰はこの藤生家の者に担当させましょう。一本木の堰と水門は吉沢の岡田石見守に任せましょう」
「それは良い考えだ。しっかり頼むぞ」

　こうして新田堀の管理監督者が決まった。待堰のある下広沢村は藤生紀伊守の一族が担当する。一本木は新たに村をつくり岡田石見守に担当させる。石見守も古くからの由良家の家臣で、北条氏の金山城攻めにも、桐生城攻撃にもよく働いた由良家の忠臣である。
　岡田石見守は吉沢村に領地を持っていたから、合わせて強戸までの用水全般も担当することになった。
　新田堀を客観的に見ると、確かに一本木の新田堀水門は新田用水の肝であった。
　待堰からこの一本木の水門までは。扇状地の傾斜に沿って流れるので特別の障害はない。この新田堀水門で水を貯めて水位を高め、その勢いで新田へ水を流す。新田への水量を優先して流す。
　余った水は下へ落として矢場堰へ流す。矢場堰から予定通り取水できない場合もある。そのための安全策であるが、新田・矢場の水量分配は必要に応じて公平に差配しなければならない。そのためには独立した村であることが必要で、用水奉行直轄指示のもとに動く。
　主要な役割は日々の水量管理と記録である。定点で計測棹を使って水深を計り、新田と矢場へ供給する水量を記録する。この計測記録と実際の村々の

要望する水量を照合して翌年の水量と普請の内容を決定する。

　さらに重要なことは、上流の待堰、下流の矢場堰との連携である。水量の多寡(たか)のどちらにせよ、異常が生じればすぐに対策の手を打たなくてはならない。堤防決壊などの緊急事態発生には、すぐに水奉行に連絡をとって処置を講じなければならない。新田堀の監視所という役務もあった。

　問題は一本木村の自立経営をどうするかに課題があった。というのもこの地域は下広沢村と吉沢村の中間にあり、それまで耕作不適地として扱われた土地であった。

　では、どんな地勢にあったのか。

　第1に、八王子丘陵がぐっとせり出し、渡良瀬川との距離が近くそもそも狭隘(きょうあい)な土地であることである。

　第2にやや下流で対岸から桐生川が合流することである。大雨で渡良瀬川が増水するときは桐生川も増水する。これが合流すると手が付けられない。それで堤防で洪水を防ぐことは最初から放棄して、氾濫に任せるままの荒れ地、いわゆる氾濫原となっていた。

　そこはシノダケや雑木が生えるままの地で、特別頑丈な土手を造成しないかぎり開拓することは不可能であった。

　さらに加えてこの辺りは湧水が多く、あちこちに清水が湧き出していた。この水の排水を講じないと水田の耕作はできそうになかった。

　あれやこれやで人が住まずに放置された土地だったのである。

　だが、そんな悪条件を並べ立てても何の意味もない。殿様は「立村して一本木の大堰をしっかり管理せよ。下流にある新田の命運がかかっているのだ」と、命じられたのである。何があっても乗り越えなければならないのだ。

　こうして一本木村の村建てが行われた。

　荒山奉行、藤生城代家老の斡旋で人選が行われた。吉沢から岡田氏、唐沢から川井氏、元桐生氏家臣で現在は由良家臣の加藤氏、周東氏、図子田氏などが立村に参集した。周東・図子田氏は下広沢村の賀茂神社神官を務めていた家柄と伝えられている。

　藩主由良成繁からは、

「困難もあろうが、下流の新田郷と農民のために最善を尽くして奮闘するように」

とのお言葉もかけられた。

　彼らは沢水の得られる地に住居を定めた。そこは江戸から桐生へ至る街道の両側だった。河岸段丘のすぐ下側を新田用水が流れていた。村人は毎日堀を渡って田んぼへ通った。

　新田堀水門の保守管理、自分たちの新田開発に取り組んだ。それは長くつらい苦役を伴う作業ではあったが、使命感と将来に向けた期待感に励まされて一所懸命に取り組んだ。

　何年かして村らしい体裁が整ってきた時点で、唐沢にあった唐沢寺を移転して村に迎えた。山麓では近くを東沢が流れていた地だったので東沢寺と名づけた。周東・図子田氏の斡旋と尽力で、東沢寺近くに下広沢村の賀茂神社から分社し小さな神社を建てた。一本木賀茂神社である。

　村らしい体裁は整えたものの、記録によれば東沢寺の創建は慶長２年、同３年の村税は僅かに永２貫173文とある。

　１貫1000文で5000文を１両とすれば、１両の半分にも満たない。石高でも１石の半分以下で、雀の涙のような僅少さである。まともに年貢を納められる余裕などはなかったのである。

　つつがなく用水を供給することを任務として存在し、その働きの報酬によってようやく生きていける村だったのである。

　一方、新田堀の先、強戸村から始まる長堀の普請はどうだっただろうか。

　強戸から先は新田郡となり、長堀は西に向かって流れる用水路である。最小限の微勾配を確保しながら西走している。

　強戸―上鳥山―寺井―小金井―上野井―市野井―金井と村が続いていた。地名に井戸の井が付くように、これらの地は大間々扇状地の標高60メートル付近で湧水の多い地であった。

　長堀はそれらの湧水や沼からの水を合流させながら流れ、各村で長堀から必要に応じて少しずつ用水を分流し、扇状地の勾配に従って下流に落としていく。扇状地の地勢を利用した理想的な用水路ができつつあったのである。

　水量さえ安定して大量に供給されれば、水田はまだまだ拡張できそうであった。この地方にとってまことに命綱の新田堀・長堀であった。

　新田堀が長堀と名称を変える付近で、堀に掛かる橋にまつわる美談が残さ

れている。

　場所は新田郡を縦貫して、太田―薮塚―大間々への街道と新田堀が交差する地点である。掛けられた橋は木橋であったが、しばしば洪水で破損したり、重い荷車で撓んで傾いたりして、橋の安全性に大きな問題を抱えていた。

　地元の篤志家であった天笠治郎右衛門という人が、私財を投げうって頑丈な石の橋に付け替えた。その功績をたたえて地元の人は、いつしかこの橋を「じろえん橋」と名づけて呼んだ。

　それが今日まで続いていて、この地を走る東武鉄道の最寄り駅名は「じろえんばし駅」であり、この辺り一帯は石橋という地名で呼ばれている。

　大谷新左衛門が開発した休泊堀についても触れておく。

　大谷新左衛門は後に休泊と改名し、そのために彼が開発した用水路は休泊堀と呼ばれている。

　矢場堰から取水した用水は、矢場川、韮川、そして上休泊堀の三つの用水に利用されている。矢場川と韮川は元々渡良瀬川が分流したものであった。

　大谷奉行はあらたに上休泊堀を開削した。この用水は現在の太田市の内ケ島、邑楽郡の大泉町を通り抜けて、館林へと通じている。

　大谷奉行が普請したもう一つの用水は館林の多々良沼から下流へ水を引いた下休泊堀である。

　休泊はまた、邑楽郡成島村西南の荒蕪地「館野原」を開墾し、田畑を開発し、樹木を植栽して森林を培養した。その後、干ばつで枯れ木となっても、あらたに新田金山から松の苗木数万本を植林した。やがて高い松の木が蒼然となる大森林となり、人々からは大谷原と呼ばれた。

　後の時代に岡上用水を開削した岡上景能がそうであったように、棺を覆った後世になってから人の評価は定まる。明治15年に、明治政府による山林共進会に際し、大谷新左衛門による大谷原の植林事業が高く評価された。

　それを機に地元有志により顕彰碑が建てられた。現在この顕彰碑は館林市県立つつじが岡公園の一角に、彼の功績を後世に伝えるものとして静かに建っている。

　用水路の骨格はできつつあったといっても、自然の力は圧倒的である。元々渡良瀬川は何も住民のために存在するのではなかった。

毎年のように襲われる洪水や逆に渇水からくる水不足に抗して、必要な用水を供給することは並大抵の苦労ではなかった。人々と自然との闘いは絶えることなく続いていく。

8．館林藩と用水

　由良・長尾氏は戦国大名の一員として、外部に対しては戦闘と策略によって支配領域の拡大を狙うとともに、内にあっては領内支配の強化、とりわけ農業振興に力を注いでいた。

　その理由は農業があらゆる政策遂行の基盤であると同時に、戦国大名の財政基盤であったからである。それは全国の有力大名に共通する政治理念でもあった。

　そのため戦国大名は誰しも農業を重視し、潤沢な水田を手に入れるためにあらゆる政策を展開していた。

　由良・長尾氏が支配する地は渡良瀬川の水の利用が可能であり、水田となり得る原野や沼沢地が各地に点在していた。そのため用水路を開削して豊富な農業用水を確保し、それに政策的配慮を加えて配水するならば、それまで不毛だった原野や沼沢地も美田と化し得る可能性を多分に秘めている地であった。

　用水利用にあたっては、支配領域をこえて相互に補完し合って初めて効果を発揮できるものであった。渡良瀬川と利根川の堤防工事、洪水の際の沿岸村落の復旧工事、さらには地域的な用水配分に関することなど、自領地という枠を超えて相互連絡のもとに統括的に運用しなければならなかった。

　その点、由良・長尾氏親子が支配する山田・新田・邑楽・足利4郡の地は理想的な関係で用水と水田開発が行われたといってよい。

　水田は給水と排水をしっかりと管理コントロールすることで、驚くほど生産性を高めることができる。

　冬季に排水できない田は湿田といった。湿田は米の単作（一毛作）しかできない。排水すれば二毛作が可能となる。米を表作とすれば裏作は麦（大麦・小麦・裸麦など）、または菜などを育てることが可能で、菜は青菜として生食できるうえに貴重な菜種油が収穫できる。収穫高でいえば1.5倍相当かそれ以上となる。

　ここで少し話題を変えて、上野国（群馬県）全体の農地や石高について確

認しておくことにしたい。館林藩領がどの程度のウエートを占めるのか知っておくことにする。

上野国の総石高は次のような数字になっていた。
　　慶長3（1598）年　　49万6370石
　　寛文8（1668）年　　51万5220石
　　元禄15（1702）年　　59万1830石
　　天保5（1834）年　　63万7330石

この数字は実際の収穫高ではなく、一村ごとの検地によって定められた石高である。麦やイモなどを含めた雑穀も、一定の割合で米の収穫高に換算して数値化された。時代が進むにつれて石高が増えているのは、新田開発などによって得られた増収分である。

江戸時代中期のころでは、耕地総面積は「町歩下組帳」によれば8万7500町歩である。この内訳は水田面積2万3300町歩、畑地面積6万4200町歩となっている。田は27パーセント、畑が73パーセントも占めていた。

上野国は山地のウエートが高い地勢にある。そのため田と畑の面積では他の地域に比べて圧倒的に畑の比率が高い。

館林藩領は上野国の中では広い低地にあるため、石高では高い比率を占めていた。江戸時代初期には藩領10万石だが、この石高は上野国全体の20パーセントを占め、15万石となるとほぼ30パーセントの割合の位置づけであった。

館林藩領は上野国の穀倉地帯であったといえる。以上を参考にして話を進める。

伝聞によれば、館林城は赤井照光によって天文元（1532）年に築城されたとされている。館林城は別名尾曳城と呼ばれる。そのいわれは次のように伝えられている。

「ある日、赤井照光が子供たちに虐められている子狐を助けてやった。すると一人の老人が現れ、城を築くことを勧めた。翌日一匹の老狐が現れ尾を曳きながら城の縄張りをして、城の守護神になることを約束して姿を消した。照光は神意と悟り、新城を築くと尾曳城と名付け、本丸から見て鬼門（北東）

第2部　待矢場両堰

の方角に境内（稲荷郭）を設け、尾曳稲荷神社を勧請し篤く信仰した」

　永禄5（1562）年に上杉謙信（関東管領）が侵攻し館林城が落城する。赤井氏は追放され、代わって上杉家に従った長尾氏が配された。
　だが、由良・長尾氏の領主として支配する時代は長くは続かなかった。前章で触れた戦国時代末期から江戸時代へと時代は変わるので、領主は目まぐるしく交代した。それでも農業重視と新田開発は一貫して変わることはなかったようである。
　支配者が変わったことによって待矢場両堰と新田堀・休泊堀がどのような影響を受けたのかを、時代順に見ていくことにしたい。

① **由良・長尾氏の時代**　1562年から1585年まで、23年間。
　この時代に待矢場両堰と新田堀およびその先の長堀、休泊堀の基本的な骨格は、ほぼ固まったといえよう。ところが小田原北条氏の策略と攻撃によって由良氏は新田金山城を失い、桐生へ後退せざるを得なかった。桐生領54か村と言わるようになったのはこの頃からだろうか。同じく長尾氏は館林領を失い足利に後退した。

② **北条氏直支配の時代**　1585年から1590年の5年間。
　由良・長尾氏に代わって、小田原の北条氏がこの地の新しい支配者となった。
　北条氏も領地における農業振興の重要さをよく理解していた。そのため、山上五右衛門と清水勝左衛門を水方普請奉行に任命した。彼らは新田開発や用水路の工事、各村域への配水の業務を遂行した。だが、小田原城が落城したことで、この時代はわずか5年で終わった。

③ **榊原（康政）氏の館林藩主時代**　1590年から1644年、54年間。
　北条氏の小田原城が落城したのは天正18（1590）年のことで、秀吉に謁見した榊原康政は館林藩10万石を与えられその城主となった。康政は農業の振興、とりわけ治水問題に力を入れた。
　彼は家臣の伊藤数馬之助を水方奉行に任命し、補佐役として石川佐次右衛

門と荒瀬彦兵衛を配した。彼らは協力し合って利根川や渡良瀬川などの水害を防止するための築堤工事、あるいは水田を確保するための用水路の新設と拡充を行った。

城下町の整備と領内支配体制の確立、そして治水工事の促進と日光脇往還（日光例幣使街道）の創設など、多方面にわたって多大な功績をあげ、館林藩政の基盤を確立した。

康政の死後、その後を継いだ康勝は大坂夏の陣で活躍したが若くして京都で亡くなる。3代目藩主の忠次は領内、とりわけ近藤沼をはじめとする沼沢地の干拓に力を注ぎ、その功績が認められ1万石を加増され、さらにその後3万石を加増されて館林藩は14万石となった。

④ **松平乗寿（のりなが）が藩主の時代**　1644年から1661年、17年間。

榊原氏は陸奥国白河城（福島県白河市）に転封となり、代わって遠江国浜松城（静岡県浜松市）から松平乗寿が入封した。榊原時代に比べると減封されたが、それらの村々は幕府領直轄となった。

支配領域は館林藩領と幕府直轄領に二分された。だが、農業用水の差配は榊原時代と変わらぬ重要課題であった。そこで松平乗寿は家臣の西尾小右衛門を堤川用水奉行として登用した。西尾奉行は代官や手代を指揮して館林藩領と幕府直轄領を分け隔てなく、村々の用水を統括した。

⑤ **第5代将軍となる徳川綱吉の時代**

1）1661年から1680年まで19年間

綱吉が館林藩主になると10万石加増されて館林藩25万石の大藩となる。その支配領は新田郡・山田郡・邑楽郡（おうら）・簗田郡（やな）・足利郡・安蘇郡（あそ）の村々であった。世の人々は綱吉のことを「館林宰相」と呼んだ。

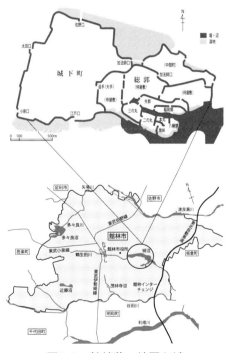

図8-1　館林藩―地図と城

綱吉は江戸屋敷である神田御殿に住み、家臣の大部分は神田御殿周辺に居住し、館林城には城代を置いて領内の支配にあたっていた。

館林藩領は利根川や渡良瀬川によって囲まれる低地にあり（標高で14～33メートルで、館林城付近が20メートル）、沿岸の村々は毎年のように洪水の被害を受けていた。一つの水系に沿った村々で組合を結成させて、統一的な治水工事を行って、より効率的な農業政策を徹底させた。

綱吉藩主時代の事績で光るのは矢場川の付替え（流路変更）である。渡良瀬川の分流であった矢場川は元々館林領の中央部、城の近くを流れていた。そのため周辺には湿地や沼が多く、洪水の被害も度々発生した。

これを寛文4（1664）年、領内上流の位置で流路変更を行い、渡良瀬川に合流させた。これにより、渡良瀬川低地の水害が減り、開発が大いに進んだ。しかも湿田を乾田に替えることも進められた。

渡良瀬川に関しては「館林藩用水組合」を発足させた。上野国の邑楽・新田・山田の3郡、下野国は足利・簗田に2郡に渡り、合わせて村数193か村、石高14万8000石余であった。

館林藩城代は目付の齋藤八右衛門と鳥見奉行の大岡十兵衛の2人を水方普請奉行に任命し、その下役として4人を付けて水方普請組合の機能を強化した。これによって館林領は、1人の為政者によって統一的な用水支配が行われるようになった。

用水普請は今日でいう公共事業である。江戸時代の農業用水は農民にとってもっとも重要な社会インフラであり、ライフラインそのものであった。

用水の安定した水の供給のための維持管理には相応の費用がかかる。どれくらいかかるのか詳しい資料は残されていないようだが、寛文年間（1661～72年）における次のような資料がある。

館林水方組合　合わせて179村　　石高13万3000石
　　　　　　　　　　　　　　　　内高1万2000石（水方役引き分）
　　　　　　　　　　　　　　　　残高12万1000石

用水の維持管理に必要な金額は、全石高の1割程度が使われていたと考えられる。

２）1682年から水方奉行不在へ

　綱吉は第５代徳川将軍となった。館林藩25万石は息子徳松が継いだ。すると上野国と下野国合わせて11万5000石の村々が「官料の地方直し」という名目で、旗本207人に分け与えられた。館林にいた家臣たちも、綱吉の将軍就任とともに江戸に引き上げ旗本となったのだ。

　だが、藩主徳松が急死すると館林藩は廃藩となってしまい、城郭も取り壊されてしまった。

　こうして数多くの旗本知行地が誕生し、以後彼らは館林藩領の村々を分割支配することになった。同時に、館林藩を統一的に支配してきた水方奉行も廃止され、それまで行われていた館林藩一円の水支配は終わりとなってしまった。

　用水管理を統括的に行ってきた水奉行が廃止されると、どういうことが起こるか？

　利根川や渡良瀬川の堤防工事や災害復旧工事が不可能となった。村々に配分する用水も指揮者が不在となると水争いが頻発する。とりわけ渇水の年には乱闘騒ぎとなる。結局のところ、用水がうまく機能しなくなると困り果てるのは農民たちである。

⑥　水方奉行復活と幕府直轄統治へ

　農民たちは立ち上がった。村々の名主と組頭たちは協議し、村々の困った窮状を記した文書を作成し、水方奉行の復活を求める訴状を幕府に提出することにした。訴状は30か村ごと、あるいは用水堰組合ごとに１通ずつ作成され、幕府評定所に提出された。

　その結果、幕府も水方奉行の必要性を認める運びとなった。

　水方奉行には大岡十兵衛と志村忠兵衛の２人が任命された。その下役も含め合わせて10名が任命され、館林領の水方奉行が復活したのである。

　後に幕府は江戸川・鬼怒川・小貝川・下利根川の関東４河川を統括する四川普請奉行を置いた。待矢場両堰からの用水もこの四川奉行の支配下に置かれた。延亨３（1746）年頃のこととされている。

　館林藩領渡良瀬川４堰とは待・矢場・三栗谷・借宿(かりやど)の４堰である。この４

第２部　待矢場両堰

堰は幕府直轄の四川普請奉行が支配する体制は幕末まで続くのであった。

　館林領普請組合は、全体で上野国山田・新田・邑楽郡、下野国簗田・足利郡の５郡で191か村、組合高15万石余という規模であった。

　用水堰を起点にして何か村が集まって組合を作って用水の維持管理に取り組んだ。全体では「○○堰組合」と名を付けておよそ30もの組合が構成されていた。

　その中で中核となる大きな組合は次の３組合であった。
・新田堀待堰組合　　43か村　　３万7000石
・矢場堰水門組合　　96か村　　７万4000石
・柳沢堰組合　　　　37か村　　２万5000石

この３組合を合計すると、176か村、13万6000石となる。

　このなかで、新田堀待堰組合の構成村々の詳細を表にしたのが図8-2である。新田堀は広沢にある待堰から取水し、新田郡の強戸村で長堀と名を変えて、西側へ用水を流している。八王子丘陵から沢水を集めた蛇川という小河川と合流するが、この蛇川を境界として、東側を内郷と呼び、西側を西領と呼んだ。

　ところでの話ではあるが、その後の館林藩である。徳川家四天王の一人である榊原康政の居城であり、第５代将軍まで輩出した館林藩は廃城となってしまったが、その後いったいどうなったのであろうか。歴代藩主をあらためて検証してみたい。

・初　代　榊原康政　榊原氏時代　1590年〜1644年　10万石から15万石
・第２代　松平乗寿　大給松平氏時代　1644年〜1661年　ほぼ６万石
・第３代　徳川綱吉　徳川家時代　1661年〜1683年　25万石
　ここで館林藩は廃城となり、城も壊されてしまう。
・第４代　松平清武　越智松平氏時代　1707年〜1728年　５万4000石
　松平清武は2.4万石で入封し館林藩は復活、後に加増されて５万4000石を与えられた。
・第５代　太田資晴（すけはる）　太田氏時代　1728年〜1746年　５万石

- 第6代　松平武元　越智松平氏時代　1746年～1836年　6万1000石
- 第7代　井上正春　井上氏時代　1836年～1845年　6万石
- 第8代　秋元志朝(ゆきとも)　秋元氏時代　1845年～1869年　6万石

　館林藩は概ね徳川家の親藩あるいは有力譜代大名ではあるが、目まぐるしく藩主が交代している。大名の転封や転籍は今日のサラリーマンの転勤などとは違う。

　藩主と家臣が丸ごと入れ替わるのである。家臣も住み慣れた土地や屋敷を離れて引っ越ししなければならない。場合によっては転封移動先が現在よりも、石高が小藩で貧しい地に移る場合もあるに違いない。

　そうした場合、家臣には減給、場合によってはリストラが行われただろう。

名称	村名	村高	名称	村名	村高
待堰水門組合―内郷二四か村	吉沢村	1068	西領待堰水門組合―一九か村	大鷲村	196
	只上村	1765		成塚村	642
	丸山村	631		寺井村	765
	矢田堀村	575		脇屋村	1088
	東今泉村	860		小金井村	1690
	東金井村	1092		村田村	1424
	安吉岡村	251		市野井村	799
	東長岡村	1386		新野村	1801
	強戸村	1385		由良村	829
	上鳥山村	690		藤阿久村	829
	中鳥山村	892		細谷村	1567
	下鳥山村	989		米沢村	470
	鶴生田村	799		別所村	583
	長手村	379		沖野村	429
	大島村	1143		西野谷村	413
	太田町	536		上田島村	800
	東今井村	521		鳥ケ谷戸村	173
	上浜田村	348		中根村	788
	新井村	892		下田島村	536
	下浜田村	1102			
	飯田村	779			
	西矢島村	518			
	新島村	711			
	内ケ島村	1435			
小計	24か村	20.747	小計合計	19か村 43か村	15.822 36.569 (5000)

（合計の()内は用水の役務料）

図8-2　待堰水門組合（江戸時代後期）

第2部　待矢場両堰

士農工商の身分制度の最上階層に位置する武士も、楽なことばかりではなかったようである。

　その点では支配下にある農民・町民も同じである。第4代の松平清武の時代のことである。廃城となった館林藩は、清武の時代に復活したのであるが、城を再興するため重税を課した。

　反発した農民たちは年貢減免を求めて百姓一揆を起こした。享保3（1718）年のことで、これは館林騒動と呼ばれた出来事だった。

　藩主は目まぐるしく交代したが、農業用水は幕府直轄事業になっていたために、大きな影響は受けなかったようである。

　江戸幕末から戊辰戦争を経て新しい時代に入るが、館林藩は大きな災禍を受けることなく秋元礼朝（ひろとも）（志朝の息子）の時代に明治維新を迎えた。

9．未完の岡上(おかのぼり)用水

　岡上用水（開発当時は笠懸野新堀と呼んでいた）は笠懸野開拓事業として着工されたが、企画施工の主体、工事の規模、起工竣工の時期、工費とその出所など確定すべき史料はほとんど残されていない。
　また用水そのものも竣工して幾ばくもしないうちに使われなくなり荒廃していった。再興されるのは江戸幕末、そして明治時代に入ってからである。
　このため用水路も灌漑の地域も江戸時代と明治以後では変わってしまっているようで、名称にしても岡上用水なのか岡登用水なのか、資料によってマチマチである。
　確たる根拠があってのことではないが、本章では用水開発者の代官を岡上景能(かげよし)、用水名を岡上用水で統一しておくことにしたい。
　岡上景能代官が用水を通して開発しようとしたのは笠懸、あるいは笠懸野と呼ばれている荒れた台地であった。地名としては少し変わっている笠懸とは、いったいどのようないわれがあるのだろうか？
　武士が疾駆(しっく)する馬上から弓矢で的を射る儀式あるいは競技を流鏑馬(やぶさめ)、あるいは笠懸という。何が違うかというと、服装は狩装束に的も距離も規定のルールを守って行う格式の高いものは流鏑馬といい、簡略化して的は笠、距離も不定のその場の取り決めで行う競技を笠懸という。
　その昔、鎌倉幕府を開いた源頼朝がこの地を訪れ、新田義重と笠懸を楽しんだ故事(こじ)からその名がつけられたとの言い伝えが残されている。

　足尾銅山は慶長15（1610）年、治部(じぶ)、内蔵(うちくら)という2人の農民が偶然銅鉱脈の露頭を発見し、以後幕府直轄の銅山として採掘が進められた。
　幕府は代官頭の大久保長安に佐渡金山、石見銀山などの採掘を担当させ、スペインなどを経由してメキシコで行われていた最新式の精錬技術を取り入れて、産出量を飛躍的に増やしていた。銅鉱石の精錬についても同じように、当時の最新技術が適用されていたであろう。
　足尾銅山で生産された精銅は、江戸城、日光東照宮、上野寛永寺や芝増上寺などの銅瓦などに使用され、さらには国内に出回る大量の銅銭の材料とし

第2部　待矢場両堰

て、あるいは長崎から中国やオランダなどへも輸出された。

　銅の江戸への輸送ルートは渡良瀬川の流れに沿って、銅問屋の置かれた沢入村、花輪村を経て、大間々町へ出て、笠懸野を通って利根川の平塚河岸まで運ばれた。この一連の銅の輸送ルートは足尾銅街道と呼ばれ、平塚河岸からは船便で江戸に運ばれた。

　足尾銅山の銅産出量は年とともに増大した。

　　　　　　　年平均産出量（トン）
- 1610—1627年　　　　118
- 1628—1661年　　　　225
- 1662—1666年　　　　337
- 1667—1675年　　　　1180
- 1676—1687年　　　　1350

　幕府代官岡上（次郎兵衛）景能が足尾銅山支配として赴任したのは、産出銅が急増する寛文年間の1660年代のことだった。

　景能の父景親も幕府代官で、榛名湖を水源とする沼尾川から岡上用水（渡良瀬川からの用水とは別のもの）を引いて、吾妻郡岡崎新田（吾妻郡東村）の開発を行っている。景能は父（養父）景親とともに新田開発に従っていたから、用水開削と新田開拓の手法や効用などについてはよく承知していた。

　景能は足尾銅山の増産に全力で取り組んだ。とりわけ輸送のネックとなっていた銅街道の整備は急務であった。

　大間々町から利根川の平塚河岸まで、距離はおよそ20キロメートルである。街道前半部の笠懸野はほとんど手つかずの原野が広がっていた。河川も沼もなく、従って水がないから田畑が広がらず、多くは人の住めない荒地であった。

　銅山代官に着任した景能は、まず確実に年産1000トンの輸送路を確保することが課題であった。

　年産千トン輸送のためには月100トンを確保しなければならない。月25日稼働とすれば1日の輸送量は4トンとでる。馬の背に乗せて運ぶのだが、1頭あたり150キロとして毎日25頭以上の馬が必要である。

　大間々―平塚河岸間は20キロ、馬とそれを引く馬子は20キロの距離を毎

日往復しなければならない計算となる。馬も人も生き物であるから、途中で食料と水が補給されなければならない。

景能は笠懸野の中間にある大原村に、銅の継送りができる宿駅を設ける決断をした。そのためには、その周辺に笠懸新田を拓く必要があった。

こうして渡良瀬川から笠懸野に用水路を開削して、水を引く岡上用水の造成が検討された。景能の伝記にはその決意が次のように述べられている。

図9-1　岡上景能の銅像
（岩宿博物館）

「景能は笠懸野の地相を見て、このような秣場にすぎない棄地でも、もし灌漑の便さえはかってやれば、穀物が獲れて国のためになり、百姓たちも利益を受けるだろうと考えた」

彼はすぐにこの企画を計画案「笠懸野新堀」にまとめた。そして計画書を幕府に提出した。

幕府も足尾産銅の重要性はよく認識していたから、すぐに動いて2人の監察使を派遣し、景能とともに現場の測量に立ち合い、地図を作成した。そして工事着工の認可はすぐに下りた。

工事着工については諸説あるが、寛文9（1669）年の頃とされている。館林藩では徳川綱吉が藩主になってから数年後のことである。

取水口は蕪町というところで、大間々高津戸峡のすぐ下流に位置する。ここにある巨岩を穿ち水路を設けて用水路に水を引き入れた。

水路は取水口から天王宿を通ってから西南に向きを変え、天沼新田を抜けて、岩宿遺跡のある琴平山と鹿田山の間を抜けたところで、直角に向きを南に向けて銅街道の西側を平行して水を流す。ここまで全長15キロメートルの用水である。

農閑期を利用し農民数百人を動員して着工、3か月で竣工したと記録されるが、竣工までに数年を要したという説もある。用水路は通水して完了するわけではない。不都合なところや必要水量に達しないとか、一応の満足するレベルに至るまでには何年もかかることがある。

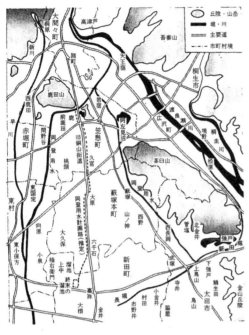

図9-2　岡上用水系統図

　工期と工事費用については、江戸の玉川上水を例にして検証してみよう。

　玉川上水は江戸市中の飲料水を確保するために開削された上水道である。多摩川の羽村から四谷まで全長42.7キロメートルで、承応2（1653）年に築かれた。

　工事着工後さまざまな困難に遭遇し何度か水路変更を余儀なくされたが、幕府肝いりの公共工事だったためか、着工後わずか8か月で竣工した。

　費用は幕府から公金6000両、工事にあたった玉川兄弟が私財3000両を投じたので合計9000両であった。

　岡上用水は長さで比較すると玉川上水のほぼ3分の1の規模である。単純比較すれば工期3か月、費用3000両といったところだろうか。

　玉川上水では動員された農民の1日あたりの手当は1人200文だったという。岡上用水は500人が3か月動員されたとすれば、延べ4万5000人・日となり、人夫費2250両となる。これに工事に必要な材料と用具費等を加えれば概ね3000両となる。

　用水の目的が産銅増産と新田開発にあるわけだから、必要経費は幕府が半額支出し、残りは地元の有力者の出資と農地を取得する農民からの出資で賄ったというのが、推測ではあるが妥当なところと思われる。

　こうして工事着工の翌年、寛文10（1670）年には岡上用水に水が通されたのである。大原宿には銅蔵が設けられ、周辺には農民の住居と新田が広がった。この地は保水に乏しい地質であったから、新田の多くは水田ではなく畑であったのではないかと思われる。

　農耕馬と運送用の馬も確保され、馬の飼葉や水も潤沢に供給されて、大原宿を中継点として大間々町と平塚河岸は銅輸送路として格段に拡充された。

岡上景能が計画し指導して完成した岡上用水は成功したかにみえた。だが好事魔多しである。思わぬ落とし穴があった。

　渡良瀬川の特徴として上流部に積雪地帯をもたないため、根雪による水のダム蓄水効果が期待できなかった。そのため降雨量の少ない年は渇水となり、一番水を必要とする田植え期の５月から６月にかけて、深刻な水不足となることがしばしば起こる。

　下流の館林藩域の農民から「われわれが使っていた水を上流で取水してもらっては困る。田植えができない」と訴えられたのである。しかも藩主は「館林宰相」の徳川綱吉である。

　農業用水において、古くから下流の位置にある既存の用水と、新たに開削された上流の用水の間で水争いが生じた場合、慣例として「古田優先」の原則が適用されてきた。

　この場合は、新設の岡上用水と新田用水、矢場・休泊用水の争いである。後者の方が100年も前から使われてきた。その結果、古田優先の裁定が下されたのである。

　岡上用水は次のように取水を制限されることになった。

・非灌漑期　　９月１日から３月末までは自由に取水ができる。
・灌漑期　　　４月１日から８月末日までは、取り入れ口に３尺（90センチ）の戸を立てて塞ぎ込め、それを越えた上水のみ引き入れることができる。

という厳しいものであった。もっとも水を必要とする季節に、このような取水制限をされては用水路は機能しない。

　岡上用水側ではため池を設けるなど対応策を講じようとしたが、池の水が漏れてしまったりしてうまくいかなかった。結局、用水はその真価を発揮することができなかった。

　岡上景能は苦労して用水を造ったものの維持管理ができず、同時に用水としての効用も発揮できず、下流農民からは悪政と訴えられ、ついに幕府から召喚されるに至った。

　結果として、景能は農民の期待を裏切ることになってしまったことに、強

い慚愧の思いがあった。その責任を恥じて切腹して果てた。その遺骸は笠懸野やや高台にある琴平山麓の国瑞寺に葬られた。

　その後、農民が取水口に石を投じて閉塞したため、通水された期間は僅か15年に満たなかった。岡上用水は使われることなく荒廃にして放置された。足尾銅山の産銅量も1700年代に入ると減少に向かった。

　結局のところ、岡上景能の計画は挫折してしまったのであるが、この場合の責任の所在はどこにあるのだろうか？

　景能の計画は幕府の承認を得て認可された公共事業であった。従って、下流の農民から訴えられたとき、幕府が調整に入っても良かったのだと思われる。それをしなかったのは藩主が館林宰相の徳川綱吉であり、幕府役人が藩主に忖度してしまったのだろうか。

　あるいはうまくいかなかった場合の事業の失敗は、現場の担当者にすべての責任を被せて、その上役たちは知らん顔ということが今日でもよく見られる保身術である。

　その後の岡上用水と足尾銅山である。一旦は荒廃してしまったものの、両者ともに時を経て不死鳥のように蘇るのである。

　岡上用水の価値が再認識されたのは幕末になってからで、安政3（1856）年に、天王宿、下新田に限って幕府から通水の許可が出て再興された。

　さらに本格的に再興され、笠懸野を潤すことになるのは明治時代に入ってからである。県令（県知事）を始めとする多くの為政者の交渉と調整によって通水が可能となった。人々はあらためて時代の犠牲となった先覚者の偉大な存在を認識することになった。岡登神社や顕彰碑がゆかりの地に建てられた。現在この用水は岡登用水と呼ばれている。

　一方、江戸時代後半には銅鉱床は掘り尽くされて産銅が激減してしまった足尾銅山は、明治に入って民間の古河市兵衛に払い下げられた。その後有望な直利（銅鉱床）が相次いで発見され銅山は見事に蘇った。

　足尾銅山は市兵衛によって最新の近代技術が取り入れられ、やがて日本一の銅山となった。その過程で鉱毒の問題が発生し、渡良瀬川沿岸や用水を利用している農民たちを苦しめることになるが、それは後の話である。

ここで、渡良瀬川水系の待矢場両堰（新田堀・休泊堀）の歴史的な位置関係を確認しておくことにしたい。

群馬県には古い時代に開削された、「女堀」と呼ばれる用水の遺構が残されている。

赤城山の南側にある標高95メートルの等高線に沿う形で、前橋市上泉町から伊勢崎市国定町までの東西約13キロメートル、幅15メートルにわたって築かれた堀である。造築されたのは12世紀中期頃と推定されている。

新田荘と同時期に秀郷流藤原氏によって、上野国佐位郡（現伊勢崎市）に渕名荘が開発された。女堀はこの藤原氏が渕名荘の新田開発のために開削したとされるが、記録は残されていない。また女堀は使われずに放棄されてしまったようである。理由はわからない。

江戸時代前期の記録に残るそして今日まで使われている、利根川水系の主な農業用水をまとめたのが図9-3である。

多くは世の中が平和になった江戸時代に入ってから開発されている。渡良瀬川水系の待矢場両堰、三栗谷用水は一足早く戦国時代に開発されている。しかも規模の大きな用水である。この事業に取り組んだ由良成繁・国繁、長尾顕長親子の政治的明断と先見性は高く評価されてよいと思う。

図9-3　利根川水系における主な農業用水開発

用水名	開発時期	水系	県名	灌漑面積（昭和期）
待矢場両堰	元亀元（1570）年	渡良瀬川	群馬県	5300町歩
三栗谷用水	元亀元（1570）年	渡良瀬川	群馬県	1400
天狗岩用水	慶長7（1602）年	利根川	群馬県	2000
備前渠用水	慶長9（1604）年	烏川	群馬県	1400
逆木用水	元和6（1620）年	鬼怒川	栃木県	2700
福岡堰	寛永2（1625）年	小貝川	茨城県	2900
岡堰	寛永7（1630）年	小貝川	茨城県	1900
羽生領用水	正保元（1644）年	利根川	埼玉県	1400
市の堀用水	明暦2（1656）年	鬼怒川	栃木県	2000
葛西用水	万治3（1660）年	利根川	埼玉県	6700
岡登用水	寛文4（1664）年	渡良瀬川	群馬県	190
豊田堰	寛文7（1667）年	小貝川	茨城県	3200

第2部　待矢場両堰

10. 大間々扇状地を歩いた江戸の旅人

　大間々扇状地を歩いた江戸時代の旅人の紀行文から、当時の知識人がどのような見聞録を書き残しているのかを、検証してみることにする。
　1人は新田郡細谷村（現太田市細谷町）の郷士高山彦九郎である。もう1人は三河田原藩士渡辺崋山である。2人とも江戸時代を代表する先覚者であり、知識人、文化人である。
　彼らはただ歩いただけではなかった。細やかな観察眼でその土地の地勢を観察し、人々の生活を見、物事の伝来や由来についても言及し、つまりその土地の歴史や風土を考え、そして記録して後世に伝えた。

（1）高山彦九郎（1747～1793年）

　江戸時代後期の武士、尊王思想家。林子平・蒲生君平と共に「寛政の三奇人」の一人（奇人とは時代を飛び越えて優れた人物という意味）。吉田松陰はじめ、幕末の志士と呼ばれる人々に大きな影響を与えた。引用は安永4（1775）年、郷里（細谷村）から桐生の奥座敷・梅田地区の忍山温泉への旅「忍山湯旅の記」より。

「7月29日、叔父萬郷君と四つ時分に立つ。北原を出て由良村へ入る。台みや右の方に藤の木あり、古の神社なり」

　土地の人が古の神社の土地を掘り出したところ、金男根が出てきたので金男根大明神と称している。じつはこれ欄干の擬宝殊だったのだが、いわれなき神名をつけるとは、淫乱の気風が蔓延しているのか心痛むことだ、と彦九郎は嘆く。

「由良村から新野の原、新野村を経て、長手村を東北へ越えて、中鳥山の宿へ出た。東西の通りとなっていて古の宿だったのだろう」

「東へ経て右は小鳥山なり。宿の東はずれでしばらく休み酒を飲み北上、鳥山へ行きて堀を橋にて渡れば郷（強）戸村なり。東に金山の松茂きに麓稲蒼みたる所いとよし。北には小高き所に人家並びてこれもまたよし」

　彦九郎らは新田堀が流れている強戸村を歩いて桐生方面へ向かって進んでいる。

「これ郷戸の中なり。彼の小高き所を左に見て東北へ行く、人家の前を堀流れるを見る、これを新田堀というなり。郷戸の西に寺尾見ゆ。なお堀にさか登りて樋(とい)あり、水地中を行きて南に流る、土手の方への用水ならん」

　新田堀は流れる左手、つまり低位側の土手が幅1.5間ほどの農道になっている。そして高位の右手側には人家が並んでいる。その農道の土中には樋が通されていて用水が下の田に分流されている。この辺りはおそらく鶴生田(つるだ)村という辺りだろう。
　現在もこの地勢と風景の基本は変わっていない。

「丸山の里、米山の薬師堂見ゆ、小山にして後は巌にてやや笠置の思いを起す。この辺より山田郡なり、なお道を5丁ばかり行く。左に山を見て北に行きて吉澤村人家西を山にして東を新田堀流れて清き里なり」

　丸山村は太田―桐生、伊勢崎―足利の街道が交差する交通の要衝にあり、宿場となっていた。この丸山宿には、新田堀から水を引いた用水が流れていた。そのためか今日に宿場の景観を伝えてくれている。
　吉沢村をさらに北上すると唐沢というところに出る。何だかいわくのありそうな小さな洞穴があった。

「なお北に行きて人家を離れて左堀の向かう岩山のもとに石の小祠あり石神明神と号するとぞ、火打石出ず、この石他国へ出す事明神の禁ずると（言い伝え）いう。近年堀普請に投せられし人石取りに岩屋へ入りて、石を以て彼火打石を打ち破らんとせしに岩崩れて其人死せりという」

第2部　待矢場両堰

　八王子丘陵からちょこんと岩の小山が突き出ている。新田堀は東からこの岩山にぶち当たるかのように近づいて流れている。岩山には現在も洞穴が残されていて、国定忠治の隠れ屋との言い伝えもあり、今では赤城神社と名がつけられている。

「これを２、３丁さか登りて新田堀を土橋にて渡る、このところ堀東に遠ざかるなり。唐澤人家を経て一本木村この辺りは石道、里柄吉澤村に劣れり」

　吉沢、唐沢を経て新田堀と交差する道を進むと一本木村に出たが、吉沢村に比べて家並みからだいぶ貧相な村の様子だと彦九郎は見た。
　広々とした田園が広がる吉沢村の石高は1068石、狭隘な地にある一本木村は僅かに69石でしかない。同じ村とはいえその貧富の差は歴然としたものがあったのに違いない。

　一本木村を過ぎると道はＹの字状に二手に分かれる。その分岐点の田は三角形である。そのため三角棚という地名で呼ばれていた。ここは下広沢村である。右は桐生新町への道で松原の渡しへ続く。彦九郎は左手の山方向への道を進むと賀茂神社へ出た。

「山の下に社あり、鳥居東にあり、正一位加（賀）茂大明神と額に書せり。是から社前まで石を敷く。社東向舞殿五間半に二間茅葺三神なり、本宮こけら葺両社は板葺なり、本宮およそ一間四方神垣六間に五間なり。森夏茂けし、社の後は山なり、この方に社屋あり飯塚多宮という」

　彦九郎らは賀茂神社で暫くの時を過ごし、松原の渡しで渡良瀬川を渡って境野村へと出た。

「渡しのこなた新田堀の源渡瀬川二つに分かる。綱越しに渡瀬川を渡る」

　松原の渡しのすぐ上流、指呼の間に新田堀の取水口があった。蛇籠と丸太で補強された堰堤が、流れの中ほどまで伸びていて堀に水を引き入れてい

る。彦九郎は自分が暮らしている細谷村の農業用水の水路を遡りながら、新田堀の流れの様子を絶えず関心をそらさず源流まで見つめていた。

　松原の渡しには綱が張られていて、その綱を手繰って船で渡った。当時は良の文字がなく渡瀬川と表記されていた。

　渡良瀬川を渡ると境野村で、さらに北上していくと新宿村へ至る。

「左右の人家皆糸織を以て業とす。家の前小溝流る水車を以て綱を家に引き入れて糸を繰る。奇異なる業なり、人の身なりもむさしからず、わきて女は絹織る業を以て戸外に出る事稀れなれば色つやもまた悪しからず」

　農村地帯では、女性は日がな野良仕事で陽に当たって働くため色黒く、肌も荒れてしまうが、桐生の機場の女性は室内の仕事で身なりも良く小ぎれいだと、印象を記した。

　新宿村には赤岩というところで渡良瀬川から取り入れた用水が流れていた。この水流を利用して水車を回して動力とする多くの糸繰り器が稼働していた。ここは桐生でもっとも織物が盛んな地で、その様子がよく観察されている。

　その後、彦九郎は桐生新町を通って梅田村へ向かい、夜遅くに忍山温泉に到着した。彦九郎は道中の村々や人の生活の様子をじつに細やかに観察し、記録していた。

（2）渡辺崋山（1793～1841年）

　三河田原藩士、後家老。学問に優れ、画家としても著名であり、国宝「鷹見泉石像」を残す。鎖国下の日本にあって外国事情を研究、ために蛮社の獄に問われ、田原で蟄居生活に入るが最期は切腹して果てる。天保2年10月から11月にかけて、妹の嫁ぎ先の桐生へ旅し、スケッチ画とともに紀行文「毛武游記」を残す。

第2部　待矢場両堰

1）江戸から桐生へ歩く

　天保2（1831）年10月11日、渡辺崋山は江戸麹町（現千代田区永田町、通称三宅坂）の藩邸を出て、妹の嫁ぎ先である桐生に向かった。旅の友は内弟子の高木梧庵と従僕の弥助である。江戸麹町から桐生への距離は100キロメートルである。これを2日間で歩ききる計画である。

　江戸の玄関口板橋を出ると総髪頭の侍らしい一人の男に出会う。元館林藩士で国学者平田篤胤の弟子・生田万である。崋山が「**自分は佐藤一斎先生について儒学を学んだがお主は？**」と尋ねると、男は昂然として「**唐国のねじけたる道を学ぶことなど心得ぬことだ**」と言い放った。

　これから先、新田太田に知り合いがいて学問塾を開くために向かうところだと言い、万葉集東歌から引用した古風な和歌を一首詠んだ。

「**しらとほふ小仁田山のもる山の山守としも我やなりにき**」

　それから3時間ほど2人は快談しながら歩いたが、ほとんど一方的に万は国学と師の平田篤胤の偉大さを語り続けた。この日の崋山はもっぱら聞き役で万の語る話を記録した。

　崋山にとっては印象深い男だったのだろう。万の肖像スケッチを残し、今夜は徹夜で語り明かさないかと持ちかけたが、万は「**今日は疲れた**」と言って2人は大宮で別れた。

　生田万との出会いの後日談である。

　万は太田大光院前の「厚載館」という学問塾で5年間子弟を指導したが、その後越後の柏崎で塾を開いた。崋山と出会ってから6年後の話である。天保大飢饉の渦中にあった天保8年、大坂で大塩平八郎の乱が起こる。この乱鎮圧に手柄を立てたのが崋山の友人、古河藩家老の鷹見泉石である。この功績を幕府から表彰され、その晴れ姿を写した肖像画が国宝「鷹見泉石像」である。

　大塩平八郎の乱に刺激されて越後柏崎で乱を起こしたのが生田万である。だが、すぐに鎮圧されて妻子共々犠牲になった。崋山の旅には不思議な一期一会の出逢いと、運命の巡り合わせがあったのだった。

　その晩崋山一行は、鴻巣の土蔵に仕切りをつけただけの簡易宿に泊まっ

た。崋山が桐生に向かうと聞いて、隣の客が、

「お侍さんが桐生に入るには、桐生は奢れる町だから駕籠で乗りつけるくらいでないと軽く見られますよ」

と吹きかけた。
　当時桐生は高級織物を織り出してとても景気が良かったのだった。嫁いでいた妹の手前もあったのだろう、仕方なく崋山は桐生までの駕籠を頼んだ。代金は1分2朱と400文である（1両10万円とすると4万円くらいである。400文は川の渡し賃。今でもタクシーを頼んだら鴻巣―桐生間は4万円くらいになるだろう）。

　翌日まだ暗いうちに鴻巣を立つ。熊谷で中山道と別れ、一面の田園の中を一路太田への道を行く。向かう正面遠くに浅間、上越、赤城、日光などの山々が姿を見せるようになった。
　駕籠を担ぐ男が道中、面白い話を聞かせてくれた。

「上州新田には新田義貞氏の末裔の新田満次郎殿が住んでおられます。何人かのご家来がいますが、毎年秋になるとみちのくの仙台に出向いて馬を仕入れてくる伯楽と呼ばれる家人が住んでいるのです」

　新田満次郎とは岩松氏のことである。家老の由良氏に金山城は乗っ取られたが、新田氏末裔の一族として120石寄合旗本の待遇を与えられていた。

「この伯楽は仙台で馬を2、3頭仕入れて引っ張って帰ってきます。普通の方なら交通の邪魔になるので夜歩くが、この伯楽は《新田殿御用達》と大書された札を持って堂々と昼間を歩く…」
「ある時仙台の町を歩いていると、百姓風の男が近づいてきて、新田殿とはどちらの御仁で？と聞いてきたので、中将新田義貞候興りしところにて新田満次郎と申す者ですと答えたところ―」

第2部　待矢場両堰

　男たちはさも驚いた風で次のように話した。

「われ等は義貞君の御家子にて、越前の役で主人が討ち死にされてから世をのがれ、仙台寄りの北西の山おくに一村落を設けています。新田殿の御家ゆえに領主より年貢も免除され、山の中で世を送っております」

「ぜひ村まで来て欲しいと懇願されたので馬を引いて行ってみると、大きな屋敷がいくつも並び、その中には村長と医者もいて皆豪農だった。後に新田様のご本家を訪ねますと固く約束するのを聞いて帰ってきた」
「その翌年の夏、7人が約束通りやって来て当座の奉納だとして金30両を納めて帰っていきました」

　いつの時代も人を乗せて移動する職業の人はその土地の情報通である。真実っぽい話もあるが、尾ひれの膨らんだ話も含まれている。

　新田氏の後日談である。
　新田氏の正当な継承者は岩松氏だった。それを家老の由良氏が下剋上により城主となった。その結果、江戸時代を通じて由良家は5000石の高家旗本、岩松氏は120石の寄合旗本だった。圧倒的に由良氏の方が優位にあった。
　明治17年に華族令が制定されたとき、岩松氏と由良氏でどちらが新田氏の正当な継承者かあらためて検証が行われた。天皇を中心とした立憲君主国を目指していた明治政府にとって、天皇に忠誠を尽くした新田義貞の正当な後継者は重要な事柄だったのである。明治期以後岩松氏は新田姓を名乗り、当主は新田俊純だった。
　その結果、新田俊純の方が正当な継承者だと結論づけられ、男爵の爵位が与えられた。だが、経済的には豊かではなかった。それでネズミ除けに猫の絵を描いて生活の足しにした。ネズミは養蚕における蚕の大敵だったので、その魔除けとして絵はよく売れたらしい。それで新田俊純は猫男爵と呼ばれた。
　崋山の旅に戻る。

「川原にいず。これは利刀（利根）川とて川原いと広し。此の川の左荒れて野となりしところ２、３町ばかり。川越えれば上毛なり。一里、太田という処にいたり又飲す、鯛の切身あつものなり。此のあたり常州（茨城県）より魚来る、冬は鯛、ひらめ、あわび、たこ」

「風いよいよはげし。駕籠かく男、北風はげしきをもて価をつぐのい帰らんという」

　太田は日光例幣使街道の宿場として、また徳川将軍家祖先を祭った大光院新田寺があり、多くの参拝客で盛っていた。北関東内陸の太田にまで多くの海産物が出回っていることは、崋山が意外とするところだった。

　北風が強いので駕籠屋が残りの代金は返しますのでここで勘弁してほしいと泣きを入れた。だが「だめだ！」と言って、崋山は聞かなかった。

「新田金山に出る。此山むかし新田義貞城ありし処とて、山はたかからざれども名はいと高う聞ゆ。又万葉にも見えし山なればもとより霊山にありしや。皆松ばかりにて、日暮、いとさびし、風はおどおどしく吹く」

　こうしてようやく丸山宿に至った。そこにうどん屋があって、妹の息子の喜太郎が供の者と一緒に迎えにきてくれていた。思いもかけないことで崋山と喜太郎は感激の再会を果たした。その日はようやく夜の10時ごろに、桐生新町の妹の嫁ぎ先岩本家に着いた。

図10-1　崋山の描いた桐生町図

２）前小屋の書画会へ　10月29日

　崋山の紀行文から抜粋して様子を見よう。この日は利根川対岸の前小屋天神の書画会に参加するために、大間々扇状地の中央を歩いて利根川へ向かった。

「寅半刻頃起出づ。おもと先に起き出で〻行厨（こうちゅう）の用意など懇（ねんごろ）にしくれたり。

第2部　待矢場両堰

朝まだきに家を出て街の西なる山下の田間をたどり行く、…元宿という所出て赤岩橋とて冬のほどは橋かけて人馬を渡す。此川石多く水は涸れたれども澱(よど)むかたいと深し。…後ろは吾妻山延々と仰俯し筆にも言葉にもつくしがたし」

　茂登さんは崋山の2歳違いの妹である。朝早く起きて弁当や酒の用意をしてくれた。渡良瀬川にかかる赤岩の渡しの様子を克明に記録している。

「…新田宿、芦中村、阿左美、生品の森。この森は生品明神という神のおはしませばかくはいう、此の森木草きりとれば必病得るとてたれ手をつくるものなし、秋はキノコ出る、往来の人もしあやまりてとり食う事あれば、悪しとてこの村より札を立てて人に示すとぞ」
「この森を通れば田間に牛の塔あり、その形如図」

　新田義貞に縁の深い生品神社は何社があるが、崋山が立ち寄ったのは阿左美地区にある生品神社である。また牛の塔は法然上人の弟子・智明和尚にまつわる石碑であるが、現在も薮塚地区に建っている。

　紙幅に限りがあるので以下詳細は割愛(かつあい)して、利根川に至るまでは崋山が歩いた経路だけを示すことにする。崋山は通過した先々で、目に写った風景や歴史的ないわれを細大漏らさず記録し、自身で描いた多数のスケッチ画を残している。
　今日でいえば、カメラで通った道々の風景を記録した写真（絵画）紀行文のようなもので、それらは歴史文化の貴重な史料である。

阿左美―薮塚―山の神―下村田―中村田―木崎―尾島―利根川の渡し―前小屋天神へ。

　この経路は、まさに岡上用水と新田用水末流の長堀が流れていた水路と同じものだった（興味のある方は、例えば『崋山と歩く桐生と周辺の旅』―崋山と歩く会編、を参照してください）。

11. 明治時代の用水

（1）明治維新

　1868年、270年続いた徳川時代は終わりを告げ、新しい明治という時代に入った。時代は一新したが、農民やその生活を支える用水に関わる社会的環境として何が変わったのだろうか？

　版籍奉還により藩支配が崩壊し、県と郡そして町や村という統治方式となった。士農工商の身分制度はなくなり、四民平等となった。

　明治維新によって社会は大きく変わったが、ここでは庶民、農民の生活に大きな影響を与えたと思われる、三つのテーマをあげて見ていくことにしたい。

①　生糸が日本の重要な輸出商品となる

　ペリー提督が黒船艦隊を率いて江戸湾の浦賀に来航したのは嘉永6（1853）年、横浜港が貿易港として開港したのが安政6（1859）年のことであった。

　海外貿易が始められたのであるが、日本にとって幸運だったのは当時ヨーロッパでは、蚕の微粒子病が蔓延していて養蚕が危機に陥り、フランスやイタリアなどの絹織物業の生糸が払底していたことである。

　このため海外の生糸相場は上昇していた。横浜における輸出用生糸は、日本国内価格の2倍以上の価格で取引されていた。そのため国産生糸は横浜に集荷され大量にヨーロッパへ輸出された。

　とりわけ養蚕・製糸・織物が盛んであった上州（群馬県）の生糸は、有力な商人が輩出してこぞって輸出に回された。そのため絹織物の一大産地であった桐生では、生糸が払底してしまって生産ができず、開店休業状態に追い込まれてしまっていた。

　鎖国の厚い扉をこじ開けたのはアメリカであるが、当時アメリカは南北戦争の渦中（1861～1865年）にあり、日本との貿易が本格的に始まるのは戦争終結後からである。

　生糸および蚕種は日本の輸出品目のトップ、金額で7～8割を占めるよう

になった。だが大きな問題もあった。当時は座繰りという手作業による製糸方法であったので、品質にバラツキがあって安定せず、粗製乱造であったことが日本産生糸の評判を落としていた。

　その弊を改めるために設立されたのが富岡製糸場で、設立稼働は明治5年のことであった。推進の中心にいたのが、当時明治政府にいた渋沢栄一である。設立と指導にあたったのが生糸検査技師ブリュナをリーダーとするフランス・リオンの技術者たちであった。

　日本の近代的器械製糸は富岡製糸場から全国に広がり、生糸とそれを使った絹織物である羽二重は日本の重要輸出品となった。

　その結果、養蚕は日本の農家にとって米麦と並んで重要な産物となった。蚕は桑の葉を食べて育つ。桑は畑でも傾斜地でもよく育つ。蚕の世話は主として女性と子どもの仕事となった。

　養蚕は繭にして出荷するのであるが、換金性の高い商品であったため、農家ではこぞって養蚕に力を入れ始めるようになった。

②　政治と統治者の交替

　江戸時代は頂点に徳川幕府があり、その下に300ほどの大小諸藩があって、藩が独立した統治組織となっていた。あるいは藩統治ではなく、旗本領（あるいは幕府直轄領）というのがあった。

　江戸時代初期には館林藩に属していた山田郡・新田郡・邑楽郡は、館林藩が変遷していくなかで、多くは旗本による分割統治になっていた。各村の名主（庄屋ともいう）、あるいは何村かを束ねた代官がとりまとめて年貢を納めていた。

　これが明治に入ると大きく変わる。明治2年に版籍奉還によって藩は解体され、藩に代わって県が統治と行政の基本的な機構となった。県の割り付けは幾度かの変遷を経て、今日と同じ都道府県の体制となった。

　県知事は政府から任命され、明治19年までは県知事は県令と呼ばれた。県の下部組織として郡が置かれ、郡の下に町や村が置かれた（郡という行政組織は大正年代後期に廃止された。だが地名として○○郡という名称は後々まで残った）。

　村も明治21年、何か村を束ねて合併する改革が行われた。たとえば新田

堀の取水口・待堰のある広沢を例にとれば、上・中・下広沢村と一本木村の4か村が統合され、新しい広沢村となった。

村は独立した末端の地方自治体であり、村長、村議会が設けられ、小学校の運営も村が行った。

③　地租改正

江戸時代の田畑貢納制（年貢）は物納で、しかもその課税基準や税率が藩ごとにまちまちであった。豊作の年と凶作の年では年貢に大きな差があったと思われる。

それを全国で統一し、しかも安定的な税収とするために地租改正が行われた。明治6年のことである。

地租改正の要点は土地の所有者を明確にするために、政府が地券を発行し、地権者に金納による納税の義務を課したことである。税率は土地の評価額の3パーセントであった。さらに加えて土地売買を認めたことである。

この3パーセントは江戸時代とほとんど変わらない税率であったことから、かなり厳しい税負担であったことは間違いない。

政府にとっては安定収入が、現金で確保できて都合のよい制度であった。だが米価はその時々の社会情勢や豊作・不作によって大きく変動する。災害などに遭って収穫できないこともある。

地租を払えない農家は土地を売って小作人になるか、工場労働者になった。この地租改正によって、農村は一部の地主階層と多くの小作人に分かれることになった。貧富の差を拡大させるという弊害をもたらす大きな要因となった。

（2）待矢場両堰普通水利組合の発足

新しい政治体制、用水管理機構がまだ制度的にはっきりしないなか、渇水による水不足や大水害の発生はその処理に大きな障害が予想されていたが、維新後数年はなんとか安定を保っていた。

ところが明治10年に至って、この待矢場両堰地域では50年振りと言われるような、干ばつによる田植水の不足に悩まされ、上流待堰と下流の矢場堰の間で大きな紛争が起きた。

第2部　待矢場両堰

　その経緯を記録によって再現すると、次のような一触即発の経過をたどった。

- 6月28日　渇水で田植えが困難との報に、県職員3人が現場に駆けつけた。
- 7月3日　矢場堰側の誰かによって待堰水門の蛇腹が切られるという事態が発生した。
- 同日　待堰側、すなわち新田堀組合の村々から数百人が鐘太鼓竹などを打ち鳴らし、手には刀、鎌、竹槍などを持って新田堀水門近くに集まった。矢場堰側も負けてはおらず、数百人、合わせて一時は3000人もの農民が集まって睨み合いを続けた。
- 7月4日から5日　両者の衝突が始まり、双方にけが人が多数出た。県からは警察が出動し抑えにかかった。このため紛争は一時的に収まった。
- 7月6日　水論鎮撫のため楫取素彦県令も現場に駆けつけた。

　幸いにしてこの6日にまとまった降雨があり、水不足は解消されたためひとまず騒ぎは収まった。6日には県・警察・両堰関係者が集まり当面の対策について協議した。

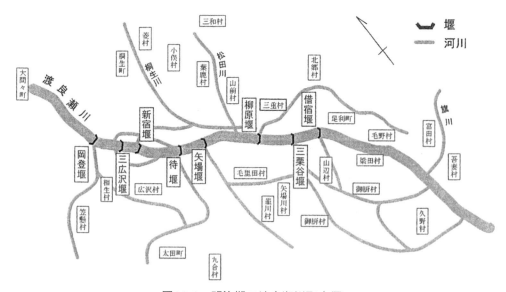

図11-1　明治期の渡良瀬川取水堰

だが、今回のように数十年に一度というような異常渇水時に新田堀と矢場堰用水側にどう水を配分するかは、両者がそれぞれ我田引水的主張を繰り返したのでなかなかまとまらなかった。

　両堰関係者は明治11年、「待矢場用水堰仕立方決議箇条」を取り交わし、県の斡旋による何度かの協議を重ねたうえで、明治15年「待矢場両堰組合水利土功会」を結成した。つまり待堰組合と矢場堰組合が合併して一つの水利組合となったのだ。

　さらに群馬県では「水利組合条例」を制定して法制化を行った。この結果、「待矢場両堰普通水利組合」が発足した。

　関係する村、それを統括する山田郡・新田郡・邑楽郡の郡長、そして群馬県の連携が、法的にも組織的にも一本化されたといえる。

（3）岡登用水の再興

　代官岡上景能が苦心惨憺して開削した岡上用水は、彼の死をもって使われなくなり荒廃した。それから170年余りの時を経て、幕末の安政年代に入って幕府から許可が下りて再興された。

　下流の待矢場両堰などの組合と調整の末、
① 用水の利用は天王宿・下新田の2か村に限定する。
② 用水の末流は渡良瀬川に流すこと。
③ 渇水時には引水しないこと。

　など、基本的に待矢場両堰へ影響を与えないという、条件を飲んだうえで了解が得られたのであった。この時以来、岡登用水と呼ばれるようになったようである。

　以後、明治に入ってさらに拡張されるという経緯をたどる。

　明治6年に薮塚・鹿田・阿左美・西野・成塚の5か村に拡張された。この時は、薮塚村出身の一人の実業家が並々ならぬ尽力を行った。新田郡薮塚村出身で、横浜貿易で巨万の富を得て、第74国立銀行を設立し頭取となった伏島近蔵である。

図11-2　新田堀水門（写真は昭和初期）

再興のための工事費用は当時の金で4730円、そのうち半額に近い2050円を伏島が提供した。
　このとき彼は渡良瀬川の安定的な水量を確保するため、日光中禅寺湖の水を山越しに渡良瀬川に引き込むという、壮大な大工事の提案を行っている。
　たが、これはさすがに反対意見が出て否決された。この時に安定的な用水を供給するため阿左美沼の利用と鹿の川沼が整備された。同時に岡登用水組合が結成された。
　この時点での岡登用水の灌漑面積は合計175町歩に及ぶ規模であった。
　明治時代に入って岡登用水が再興され、人々は200年近く前に苦労して用水路を開削しながら、ほとんど利用されることなく切腹して果てた代官・岡上景能の偉大さと無念さに心打たれた。
　それで岡登神社を建立してその功績を顕彰した。今日では、岡登神社は桐生市相生町（旧天王宿）と太田市大原町と、2社祭られている。
　さらに、みどり市にある岩宿博物館の駐車場の一角に、岡上景能の銅像が建っている。高い台座の上から、眼下に広がる大間々扇状地を睨んで指差しをしている姿である（図9-1参照）。
　目の前には用水から水を引き、扇状地を潤すための水がめ「鹿の川沼」が水をたたえている。ヘラブナ釣りの名所のようで、いつ見ても多くの太公望たちが釣糸を垂れている。

（4）渡良瀬川からの用水まとめ

　ここで明治期における渡良瀬川の取水堰と用水をすべて整理しておくことにしよう。用水堰は全部で8堰あるが、用水路は下流に向かって右岸側6堰、左岸側2堰である（ここでは待堰と矢場堰を便宜的に待矢場両堰としている）。

　上流から順に記していく。
① 岡登堰　取水口は大間々高津戸峡。灌漑町村は山田郡相生村・新田郡笠懸村・薮塚本町・強戸村で灌漑面積175町歩。
② 広沢堰　取水口は相生村。創立は大同年間とされ、灌漑面積は121町歩。関係町村は如来堂村と広沢村である。
③ 新宿堰　取水口は元宿村。関係町村は新宿村と境野村で灌漑面積は81

町歩。
④　待矢場両堰　矢場堰の取水口は山田郡只上村。渡良瀬川水系最大の用水路である。
　　待矢場両堰の灌漑面積は4851町歩。関係町村は新田郡太田町・鳥野郷村・九合村・生品村・宝泉村・強戸村・沢野村、山田郡毛里村・韮川村・矢場川村・休泊村、邑楽郡小泉村・大川村・永楽村・長柄村・三野谷村・高島村・中野村・多々良村・渡良瀬村・郷谷村・大島村・伊奈良村・赤羽村など24か村。管理責任者は新田郡長（大正時代に郡制度が廃止されると太田町長、後に太田市長が責任者となる）。
⑤　柳原堰　取水口は足利郡山前村　渡良瀬川左岸の用水　灌漑面積は359町歩。足利郡足利町・三重村・山前村・北郷村。
⑥　三栗谷堰　取水口は山田郡毛里村市場　灌漑面積は636町歩。
　　関係町村は足利郡御厨村・山辺村・筑波村・梁田村、足利郡長が管理責任者
⑦　借宿堰　取水口は足利郡山辺村　灌漑面積は36町歩。
　　関係町村は足利郡山辺村。

　　以上8堰合計の灌漑面積は6259町歩である。

（5）農村経済の実態

　統一的なデータに乏しいので、各村の時代や統計数字に信頼性上の疑問はあるが、断片的な資料から大よそのマクロ農村経済の実態に触れてみたい。
　モデルとして取り上げたのは、山田郡広沢村、境野村、新田郡強戸村、鳥の郷村、沢野村の5村である。各村とも明治21年に統廃合されているので、最初にそのことについて触れておく。
・広沢村　上・中・下広沢村、一本木村の4村が広沢村。
・境野村　統廃合なし。両村ともに渡良瀬川を挟んで相対するウナギの寝床
　　　　　のような地形である。共に背後は山で河岸段丘状の地勢にある。
・強戸村　成塚・西長岡・菅塩・強戸・寺井・北金井・天良村の7村。
・鳥の郷村　大島・長手・鶴生田・鳥山・新野の5村。
・沢野村　福沢・富沢・牛沢・高林・岩瀬川・下浜田・細谷・米沢の8村

である。

図11-3　各村の田畑の面積、人口、生産高（明治後期）

項　目	広沢村	境野村	強戸村	鳥の郷村	沢野村
総面積/田畑（町）	/252	/68	1234/674	738/583	1158/970
戸数/人口（戸/人）	442/2307	354/1890	520/2817	472/2845	514/3236
農産物生産高（円）			157564	131600	209800
総生産高（円）			357190		465600
1人当たり生産高			127円/人		144円/人

　新田郡の村に比べると、山田郡の広沢・境野村の田畑は狭隘小規模である。境野村に至っては新田郡各村の僅か10分の1の規模に過ぎない。当時の農村の主な産物は米麦の穀類、イモ類、豆類、養蚕などがあり、収穫高は概ね田畑の面積で左右されよう。従って、境野村、広沢村は農業より工業、とりわけ織物に特化して活路を見出している。

　図11-4に、新田郡農村のモデルとして強戸村を取り上げる。
　明治42年度のデータで純農産物の生産高が157,600円、その他の生産活動を合計した総生産高が357,800円、住民1人あたり127円、1戸あたりの年間収入は688円である。

種　類	総価格	百分比
	円	％
農産物	157,564.12	44.04
畜産物	1,332.77	0.37
林産物	13,659.77	3.82
水産物	60.90	0.02
工産物	69,758.56	19.50
商業収得	21,009.19	5.87
各種副業	25,972.80	7.26
雑業	6,041.25	1.69
副産物	28,740.20	8.03
智力	6,993.20	1.95
労力	26,657.55	7.45
合計	357,790.31	100.00

（農産物内訳）

種　類	作付反別	総価格	百分比
	町反畝歩	円	％
穀類	674.4.8.11	131,435.62	83.42
豆類	67.8.7.10	4,711.32	2.99
疏菜類	37.3.3.02	7,070.33	4.49
果実類	1.6.1.00	1,160.59	0.73
工芸作物類	69.2.3.02	13,186.26	8.37
合計	850.4.7.25	157,564.12	100.00

図11-4　強戸村の生産状況（明治42年）

　明治8年のデータであるが、境野・広沢村の織物生産数は下記のようになっている。織物の金額は明らかではないが、農産物の金額をかなり凌駕すると思われる。

図11-5　広沢村と境野村の織物生産状況
（1）織物生産数量（明治8年）

項目	広沢村	境野村
織物等の生産	女帯地3800条 絽2260反 瓦　4万枚 アユ　33000尾	女帯地12395条 巾帯地7000条 絽　450反 綿タテ南部1102反 アユ　126000尾

（2）広沢村織物生産金額（昭和2年）

織物総生産高　230万円
輸出織物　836700ヤード　1088千円（1.3円/ヤード）
内地織物　251000ヤード　1216千円（4.84円/ヤード）

　大正時代に入ると織物生産にも技術革新が取り入れられた。その内容は動力織機／人絹糸／化学染色法などであり、生産力も格段に増強され、輸送も鉄道により近代化された。
　広沢村村誌から引用すると昭和初期の広沢村の織物生産金額は図11-5のようになっている。
　輸出織物と内地織物がバランスよく拮抗している。内地向けは女帯地が中心である。従って単位長さ当たりの単価が高い。1ヤードは0.91メートルであるから、12メートルを1反と仮定すると、帯地は1反あたりの単価63円となる。

　農業（1次産業）による生産金額は堅実ではあるが、田畑の広さによってほぼ決まり、その金額は限定的である。
　一方、織物産業（2次・3次産業）による生産金額は、農業に比べると圧倒的に高額なものとなる。桐生は織物産業でいち早く工業化が進んだ。足利も同様である。
　新田郡や邑楽郡が自動車産業や家電生産、あるいは食品加工業などで工業化に成功するのは、第2次世界大戦（太平洋戦争）後の、昭和30年代の日本の高度成長期に入ってからである。

12. 足尾銅山の光と影

　足尾銅山は慶長15（1610）年備前国（岡山県）からやってきた治部と内蔵という農民が鉱床を発見して、幕府直轄の銅山として本格的に採掘が開始された。
　だがこの経緯については異論がある。第1に当時備前国の農民が理由もなく、遠路このような山国に移動してきたというのがきわめて不自然である。さらに治部と内蔵という名前が農民の名としては違和感がある。
　徳川家康が江戸に入国したとき、家康の部下で1万石の家禄を与えられ、関東郡代に任じられたのは伊奈備前守忠次である。伊奈は家康の信任厚く、幕府直轄領の総合的な開発と治水や民治を司っていた。
　伊奈のもっとも大きな功績は忠次・忠治・忠克と伊奈氏親子3代にわたって、当時江戸湾に注いでいた大河である利根川の東遷河川改修の大事業を行ったことである。
　足尾銅山の発見も伊奈氏の命を受け、鉱山の知識に通じた家臣の治部と内蔵が発見したという説の方に説得力がある。それゆえに彼らはこの鉱床を備前盾と名づけたのだと思われる。
　足尾銅山は寛文年間の1660年代になって、飛躍的に産銅量を増やした。その産銅を江戸に運ぶ銅街道の整備に懸命に取り組んだのが、代官岡上景能である。だが、銅山は江戸中期に至ると産出量が急減し、幕末に至ってはほとんど枯渇に近い状態となってしまった。

　明治に入って足尾銅山は幕府直轄から新政府に引き継がれて官営となったが、その後民間に移され、明治10年頃に経営権は古河市兵衛のものとなった。
　市兵衛が近代的な技術を駆使して鉱山を探査すると、明治14年には鷹巣直利（富鉱帯）、翌年には本坑横間歩大直利（大富鉱帯）が発見された。
　明治17（1884）年には産銅量は一挙に前年の3.5倍に増大し、愛媛県の別子銅山を抜いて全国第1位の産銅量に達した。躍進した足尾銅山は全国産銅の3〜4割を占め、古河市兵衛は銅山王と称されてその地位は揺るぎないものとなった。

当時世界の趨勢として、産業革命の波は蒸気機関や動力機械から電気の世界に広がりつつあった。社会生活を革命的に変える電気を利用した重要な発明が相次いでいた。

> ・**グラハム・ベルによる電話機の発明**　1876（明治9）年に電話機の特許取得。これ以後全米に電話網が広がっていく。
> ・**トーマス・エジソンによるフィラメント電球**　1879（明治12）年に特許取得。京都岩清水八幡宮付近で自生している八幡竹を使い実用的な電球を量産化した。
> ・**商用発電所稼働**　エジソンがニューヨークに設置した。1882（明治15）年。さらには水力発電が実用化され、都市への送電網が整備されていった。

　電気を遠方に伝えるには、音声信号であれエネルギーとしての電気（電力）であれ、電線が必要不可欠である。電線の材料として銅がもっとも優れていた。

　そのため世界的に銅の需要が急増していた。それで足尾銅山の産銅は横浜港を通して、ほとんど全量輸出に回された。

　どのくらいの価格で取引されたかについて、以下は大水害を出して鉱毒被害が一挙に拡大した明治29年のデータである。

　この年の産銅量は5909トンであった。取引価格は1トン当たり1万4000円で、総売上金額8273万円であり、税金は鉱業税と鉱区税合わせて2万1410円であった。

　古河鉱業の粗収入は8000万円以上である。会社としても国にとっても、莫大な利益を生み出した宝の山が足尾銅山だった。当時としては生糸と並んで外貨獲得の貴重な産業であり商品だった。ちなみに当時の日本の国家予算はざっと1億円、日清戦争に勝利して賠償金を得てから2億円に増えたという程度のレベルであった。

　富国強兵を国家目標に掲げていた当時の日本政府にとって、足尾銅山は必要欠くべからざる重要産業だったのである。

　足尾銅山の産銅量が急増すると顕在化したのが鉱毒の問題である。
　銅山から採掘されるのは黄銅鉱である。これを精錬して純銅に仕上げる。精錬するには炉で銅鉱を溶解する必要がある。

第2部　待矢場両堰

　採掘するにも坑木として頑丈な木材が必要で、精錬にも大量の炭木が必要である。これらを採取するために近くの山から樹木を伐採した。さらに精錬の過程で大量の亜硫酸ガスが煤煙として排出された。亜硫酸ガスは有毒で、周辺の樹木を片っ端から枯らしていった。

　こうして銅山周辺の山々はみる間に丸裸にされていってしまった。樹木がなくなると土壌はもろくなり、容易に崩れ落ちてしまう。

　黄銅鉱の銅含有率は平均して20パーセント程度である。純銅を採取した残りの80パーセントの岩石は、若干の残銅や他の重金属、あるいはさまざまの不純物を含む鉱石くずとなる。これがいわゆる産業廃棄物である。大量の廃棄物は空き地に捨て置かれるか渡良瀬川に投棄された。

　足尾銅山は渡良瀬川の最上流付近に位置する。松木沢と神子内川が合流して渡良瀬川本流となるが、足尾銅山はその合流点付近にある。

　丸裸となった周辺の山は保水力が乏しく、渇水と水不足は激しくなり、逆にまとまった雨が降ると土砂を流れ落として洪水となる。積み上げた廃鉱石も一緒に流す。こうして有害な銅や重金属などを含む不純物が下流に流されていく。これが渡良瀬川の鉱毒の原因である。

　鉱毒被害の発生と生じた被害の出来事を、記録に従って列記してみよう。被害発生は渡良瀬川の下流域、即ち待矢場両堰から引水している地域の田畑である。

- **明治13年、18年**　渡良瀬川のアユが大量死する現象が生じた。だが原因がわからず、人々は足尾銅山かもしれないと噂し合った程度だった。
- **明治23年8月**　大洪水が起こった。その後、田の稲が立ち枯れる現象が流域各地で確認され騒ぎとなった。
- **明治24年**　栃木県選出の衆議院議員・田中正造は被害地を視察したうえで、第2回帝国議会で足尾鉱毒問題に関する質問を行ったが、国会では相手にされることはなかった。
- **明治29年**　7月、8月、9月と3度も大洪水が起こり、田畑の被害は甚大なものになった。

図12-1　田中正造
（出典：国立国会図書館
「近代日本人の肖像」）

これによって、翌30年には足尾鉱毒問題は大きな社会問題として浮上した。この年足尾銅山公害被害民代表800余名が、請願のため上京した。住民による当局への陳情を当時は「押出し」といった。

- **明治33年**　足尾銅山の鉱毒被害に苦しむ栃木・群馬両県の流域農民数千人が、上京して政府に鉱毒問題の解決を請願するために、利根川の渡し場である川俣村に集結した。これを排除しようとする警察と衝突する事件が起こった。負傷者と多数の逮捕者が出た（川俣事件）。
- **明治34年**　田中正造は国会議員を辞職し、この年明治天皇に直訴を行った。直訴そのものは警官隊によって阻止されたが世間に衝撃を与え、足尾銅山の鉱毒問題が広く知られるようになった。

足尾銅山の鉱毒は、最初に渡良瀬川のアユが大量死するという形で顕在化した。

足尾の鉱毒が流れ出す前まで、渡良瀬川はアユのあふれる川であった。奈良時代には足利地区から朝廷に大アユが献納された事実を伝える木簡が残されている。おそらくは縄文時代やその前の旧石器時代から沿岸の人々の生活を支えてきたのに違いない。

明治9年の渡良瀬川のアユ漁の記録がある。昭和14年に編纂された山田郡史である。その記録によれば、桐生市（地区）を除くアユの魚穫量割当が沿岸各村々で決められていたようである。その記録によれば、合計ほぼ100万尾でその内訳は次の通りである。

- 大間々町　大間々町80万尾、桐原村3万尾　小計83万尾
- 広沢村　3万3000尾　・境野村　12万6000尾　・毛里田村　1万3000尾

桐生には支流の桐生川にもアユがいて、人口と地勢から桐生市域を入れるとおそらく200万尾、足利地区を含む下流を入れれば数百万尾にはなるだろう。

渡辺崋山が桐生に旅した天保2（1831）年、渡良瀬川のアユについての興味深いエピソードを二つ『毛武游記』に残している。以下はその引用である。

第2部　待矢場両堰

「天王宿定右衛門より鮎来る。予のためにかこひて今日に及ぶ。たらいより出して見るに其大きさ１尺4.5寸（40センチ超）、重量140匁（431グラム）、驚きたり。写真す。此昼飯に塩焼として食ふ。美味一尾尽す。真に記すべきなり」（写真とはスケッチ画のことである）

　もう一つは大間々の高津戸峡を歩いたとき、峡谷の上端にはね滝という小さな滝があった。おそらく１メートルくらいの垂直の滝だったのだろう。遡上するアユがこのはね滝を飛び越えようとジャンプする。そこにそっと網を出すと一刻（２時間）で数百尾のアユが網の中に落ちたという。

　その渡良瀬川のアユがほぼ数年足らずで全滅に瀕した。ところによっては魚類捕獲禁止令が出された。記録によれば、明治14年に渡良瀬川沿岸で2700人いたという魚業者が、その11年後の明治25年にはほぼ全員廃業を余儀なくされたという。

　アユの死滅は足尾銅山の鉱毒問題の前兆現象だった。その後の長く苦しい公害との闘いが続けられることになる。

　明治29年には３度も洪水が発生し、田畑は銅山の汚染水によって冠水した。それは待矢場両堰を始めとする渡良瀬川からの用水全域に渡っている。

　明治20年代から30年代にかけての待矢場両堰の対応を『旧堰史』から引用してみる。彼らの代表者は銅山の実地調査を行ったが、鉱毒がまさにタレ流しの惨状にあることを眼のあたりにした。

「足尾銅山鉱毒問題は、明治23年８月の大洪水の結果、渡良瀬川各所の堤防決壊、又は氾濫せしめたため、銅山より流出したる粉鉱の、各井筋はもちろん、灌漑水田内に沈殿し、翌年に至りては、作物は立ち枯れの状態となり、浸水地の竹木は、枯死の現象を呈するに及びたる以て、これすなわち鉱毒の被害ならんと思惟し、本組合（待矢場両堰水利土功会）においては、調査委員を挙げ、実況踏査を行いしに、銅山付近より数里の間は、煙毒に覆われ、草木は枯死し、土砂は崩壊して山骨を現し、排出物は悉く河内に投棄せられ、水色混濁して悪臭を放ち、その惨状名状すべからず、故に、明治24年12月、東京帝国大学教授理学博士丹波敬三氏を聘して、泥砂の分析を施行したるに、粉鉱を含有することの的確なる実証を得、交渉数次、銅山主も遂に加害

の責任あるものとし、明治26年6月を期し、粉鉱排除器を銅山内に設置し、将来の加害を除き、これに加え、渡良瀬川川底に沈殿せる粉鉱排除のため、排除工事費の寄付、並びに賠償金を出して、第一回の契約を締結せり。これ鉱毒問題の嚆矢たり」

　当時は請願であれ訴訟であれ、原告側が因果関係の証拠を示さなければならなかった。権威ある帝大教授の分析データを準備して、会社側とようやく交渉のテーブルにつくことができた。会社側も一部の責任を認め、対策を講じることになった。だがそれはほんの場当たり的処置に過ぎず、有効な対策とはならなかった。

「明治29年9月の大洪水にあたり、粉鉱の被害一層激甚（げきじん）となり、粉鉱採取器の効果もみるべきものなく、新たに排除器の設備を完備せしめ、かねて流出せる粉鉱排除の方法を研究せしめんがため、明治30年2月15日、第2回の契約を結び、7カ月間、水路内に粉鉱沈殿池を設け、除外の方法を講じたり。36年に至り、契約期間を満了せんとするにあたり、さらに契約を締結せんとせしも、当時鉱毒問題は、群馬外三県連合鉱毒事務所の帰道するあり、実に国家的問題となりたるを以て、その結論を帰着する間、本組合においては、一時該問題を見合わすこととし、主として水源涵養に力を注ぎ、毎年1、2回あて、銅山の実況視察を施行するを例とせり」

　明治36年に至り、被害甚大な待矢場両毱水利十功会の手を離れ国家的問題だとして、問題をそらされてしまったようである。翌37年には日露戦争開戦となり、鉱毒問題は棚上げされてしまった。足尾銅山は国家と結託して増産に努め、鉱毒対策は二の次に置かれてしまったのだ。
　会社側はひたすら増産に邁進した。明治44（1911）年、精銅や銅鉱石を運搬するための鉄道を開通させた。足尾銅山から渡良瀬川の流れに沿って距離44キロ、桐生で両毛線と直結する鉄道である。これが国鉄足尾線となった。それまでの馬車などによる搬送に比べて輸送力は飛躍的に増大し強化された。
　その後、JR足尾線は足尾銅山の事業縮小に伴い、七十数年後の1989年に

第２部　待矢場両堰

その役割を終え、第３セクター「わたらせ渓谷鐵道（通称わ鐵）」となった。

　根本的な鉱毒対策がなされないまま時は過ぎ、時々発生する洪水によって被害を受けた農民が苦境に立たされるという事態が続いた。
　この間、足尾銅山付近にあった松木村、久蔵村、仁田元村などは住民の生活が成り立たずに廃村になった。
　一方、渡良瀬川の末流にあった谷中村には巨大な沈殿池が造成されることになって、村は強制的に廃村にされた。

　第２次世界大戦（太平洋戦争）が終わっても、渡良瀬川の鉱毒被害は出続けた。もっとも被害の大きかった地域の一つが山田郡毛里田村である。ここは待矢場両堰取水口のすぐ近くに位置している。渡良瀬川鉱毒水がストレートに水田に入ってくる地勢にあった。
　彼らは毛里田村鉱毒根絶期成同盟会を組織して鉱毒反対運動を行っていた。メンバーの中心に居たのが板橋明治氏である。
　1971年、毛里田村で収穫された米からカドミウムが検出された。群馬県は、米の汚染は足尾銅山の鉱毒が原因と断定した。汚染田は39ヘクタールに及んだ。
　1972年、板橋明治氏を筆頭代理人とする農民971人が古河鉱業を相手どって、過去20年分の農業被害賠償額39億円の支払いを求めて提訴した。板橋氏は弁護士や他人に頼ることをせず、独学で勉強しながら裁判を闘った。その気迫が足尾銅山側を圧倒した。
　当時の社会的な背景として、日本の高度成長期に企業活動の結果による公害問題が、各地で頻発し大きな社会問題となっていた。当時の四大公害病として連日マスコミに取り上げられていた。政府も企業も対応を迫られていた。

① **水俣病**　熊本県水俣湾で発生。企業の工場廃液の中に有機水銀が含まれていた。当時水俣病で苦しむ住民やネコの悲惨な姿が、テレビで毎日のように放映されていた。
② **第二水俣病**　新潟県阿賀野川流域で発生。水俣病と同じく有機水銀によ

る中毒である。
③ **四日市ぜんそく** 工場の煙突から出る亜硫酸ガスによる都市型公害である。
④ **イタイイタイ病** 富山県神通川流域で発生。カドミウムによる水質汚染が原因。

　1974年、政府の公害等調整委員会によって調停が成立、会社側古河鉱業は15億5000万円の補償金を支払うことになった。
　これは古河鉱業が、鉱毒事件で責任を認めて賠償金を支払った最初の出来事である。だが、古河側はカドミウムの責任については認めなかった。そして社史においては鉱毒という言葉は使わず鉱害と記述した。
　足尾銅山鉱毒の公害問題は、一応の解決をみるまでに100年の歳月を必要とした。足尾銅山は、74年の鉱毒和解の前年に、銅山は閉山した。だがこれで鉱毒問題が解決したわけではなかった。その前後の経過も記録しておこう。

- 1973年　足尾銅山閉山（但し、輸入鉱石による精錬・精銅生産は継続した）。
- 1974年　毛里田鉱毒根絶期成同盟と、補償金15億5000万円で和解成立。
- 1977年　草木ダム竣工
- 1980年　足尾町「足尾銅山観光」がオープン。
- 1989年　JR足尾線が第3セクター「わたらせ渓谷鐵道」への転換に伴い貨物廃止。精錬事業が事実上休止となった。
- 2010年　精錬場が一部の施設を残して解体された。
- 2011年3月11日　源五郎沢堆積場が東北地方太平洋沖地震（東日本大震災）により決壊。
　　　　　　　　下流の農業用水取水地点で基準値を超える鉛が検出された。

　1977年に渡良瀬川に草木ダムができた。このダムは渡良瀬川の水の多目的な利用にあるのだが、一つの大きな役割は足尾銅山から出続ける鉱毒の沈殿にあった。
　足尾銅山の鉱毒は日本の公害問題の第1号と位置付けられている。前述の

四大公害においても多くの被害者が苦しみ、しかも解決には気の遠くなるような多大の時間とエネルギーが費やされた。

現在も大気中の二酸化炭素増大による気温上昇と異常気象が世界的な問題となっている。一度拡散してしまった有毒物質は回収が困難であり、簡単に元に戻ることはない。原発事故や核爆発による放射能汚染に至っては回収も不可能であり、厳密にいえば無害化には万を超える年月が必要である。

渡良瀬川の源流域にある足尾銅山―かつての工場跡地から松木沢上流の砂防ダム下に銅(あかがね)親水公園がある。その中に足尾環境学習センターがある。周辺には煙害で地肌剥き出しの荒涼たる山の風景が広がっている。

多くの心ある人々が足尾に緑を取り戻そうと毎年植林作業を行っている。だが緑はなかなか回復しない。一度失われた自然を取り戻すのは容易ではないことを教えてくれている。

渡良瀬川の最下流終端地に渡良瀬遊水地（池）がある。外周囲9.2キロ、広さ4.5平方キロメートル、東京ドーム100個分の広さで、上空から眺めるときれいなハート形をしている。

遊水地全体の広さでは33平方キロメートルもあり、ここの住民はゼロ、住んでいるのは水中・水生の魚類や昆虫、動物や鳥類だけで、人が一切介在しない。鉱毒・洪水・治水対策の遊水地が現在では、湿地域における自然動植物の一大楽園となっている。

渡良瀬川の源流と終端の中間地に太田市、鉱毒のもっとも大きな被害を出したとされる旧毛里田村（現太田市只上町(ただかり)）がある。その真ん中に「祈念鉱毒根絶の碑」が建っている。高さ5メートルもある大きな碑で、農民の命である土の字が形どられている。

また太田市飯塚町にある太田市学習文化センター内には、「太田市足尾鉱毒展示資料室」が現在も常設展示されている。

第2次世界大戦後、日本の高度経済成長時代に数多くの公害が顕在化し

図12-2　祈念鉱毒根絶の碑（太田市只上町）

た。水俣病、イタイイタイ病、PCB、アスベスト、ダイオキシンなど枚挙に暇がない。

　足尾銅山の鉱毒を含むこれらの公害は、害毒を発生させる加害者はほとんど場合企業であり、一般市民は被害者の立場であった。

　ところが近年の公害はその線引きがあいまいとなり、われわれ市民も被害者であると同時に加害者の責任を負わなければならない立場に置かれてしまっている。

　環境問題の多くはわれわれがより便利で豊かな文明生活を享受しようとすると、不可避的に付随して発生するゴミの問題であり、それが拡散し蓄積することにより環境悪化を伴うものである。しかもこの環境問題は地域限定でなく地球規模に拡大している。

　近年深刻になりつつある代表的な地球環境問題をあらためて四つあげてみよう。

① CO_2、メタン・フロンガスなどの急増による大気汚染と地球の温暖化
　⇒海面上昇と異常気象による災害激化、生態系の激変、農作物の極端な不作をもたらす。

② 原子力発電や核兵器・核実験による放射能汚染の拡大
　⇒核のゴミ（放射能）の無害化には数万年の時間が必要である。核汚染廃棄物はこの地球上には基本的に捨場がないように思われる。

③ 農産物の残留農薬、防腐剤・酸化防止剤などの食品添加物の蔓延
　⇒消費者に加害責任はないが、食品安全性について自己判断で防衛する必要がある。

④ マイクロプラスチックによる土壌、河川、海洋汚染
　⇒鳥類や魚介類の体内に蓄積される。それを食べる人間にどんな影響を与えるのか未検証である。これから時間経過とともに拡散量は増大し深刻な事態となるだろう。

　鉱毒問題に一生をかけて闘った田中正造は、「真の文明は山を荒らさず川を荒さず村を破らず人を殺さざるべし」という言葉を残した。

　足尾銅山鉱毒が顕在化してからおよそ150年の時間が経過した。公害は点

から線そして面へ、局所の問題から地球規模へ、関係する一部の人から否応なしにすべての地球人に関わる問題へと拡大、拡散した。

　われわれは経済成長の恩恵を受け、便利で豊かな生活を享受している。それを可能にしている現代文明とは果たして持続性のある真の文明なのか、そのことが問われているように思われてならない。

13. 今日の太田頭首工

　明治期に待矢場両堰普通水利組合が発足した。渇水や洪水にしばしば襲われたが自然の猛威に抗いながら、必要な水を安定的に供給するのは大変なことであった。

　明治の終わりから大正時代にかけて、「水門改築工事」「洗堰改修工事」「待堰引入口および護岸改修工事」などが行われた。蛇籠という石を使った堤防に代わって、要所にはコンクリート護岸と鉄製の水門扉などに強化された。

　大正時代に入ると第1次世界大戦（1914～1918年）となり、工場労働者も増えて米の需要が増大し、米の買い占めを契機として米価が高騰、富山県の主婦から端を発して全国に米騒動が起こった。

　これが昭和に入ると世界恐慌が起こり、米価が急落し全国各地で小作争議が発生した。農民は生活が維持できない状況にまで追い込まれた。

　政府も疲弊した農村部の生活を守るために、「救農土木事業」「農山漁村経済再生計画」「米穀臨時措置」などの政策を立ち上げ、農村救済事業を積極的に推進した。

　待矢場両堰からの用水については、それぞれの水路について昭和8（1927）年に、護岸改修工事（県営八瀬川改修、新田堀・休泊堀石積護岸事業）が行われた。

　また、休泊堀の下流域の館林地区については末流地域であったため、水不足や排水不良による被害が頻繁に起こっていた。昭和2（1927）年「県営待矢場両堰下流部用水改良事業」、昭和17（1942）年「県営休泊排水改良事業」がそれぞれ着手された。揚水機（ポンプ）設置工事、堰、水路の改修工事が行われた。

　渡良瀬川を水源とする用水は、上流から岡登用水・広沢用水・赤岩用水・待矢場両堰・三栗谷堰・借宿用水・柳原用水があり、昭和6（1931）年時点で8400ヘクタールに達していた。

　渇水対策として、秋冬期に水を貯留し、夏季渇水時に放流して用水不足を緩和することを目的として、阿左美沼東隣の小沼の拡張および鹿の川池の築造と強化が計画され、昭和10（1935）年から運用され始めた。

太平洋戦争（第2次世界大戦）が始まると、国内社会経済の戦時統制体制が強化され、食糧の確保と増産が叫ばれた。

だが、政府が声高に叱咤激励しても、農村は厳しい事態に置かれていた。働き手の青年・壮年男子は根こそぎ戦場に動員され、農耕馬も軍馬として徴発された。残るは老人と女性と子どもたちばかりであった。

机上計算による供出のノルマは厳しかった。身を粉にして働いても追いつかない。「欲しがりません勝つまでは」は単なる掛け声だけではなかった。農村は疲弊していた。

（1）第2次世界大戦（太平洋戦争）後の社会情勢

昭和20年8月15日、天皇陛下の玉音放送で戦争は終わった。日本中の都市という都市は爆撃で焼かれ、300万人以上の戦死者を出して戦争は終わった。

日本は連合軍に占領され、GHQ（連合国軍総司令部）の最高司令官マッカーサーの指揮下にあった。昭和22年は日本と農村にとって大きな変革が行われた。

①国民主権 ②基本的人権の尊重 ③平和主義の三つを基本原理とする日本国憲法が制定された（5月3日、憲法記念日）。

前年制定された「自作農創設特別措置法」およびその関連法案が実施に移された。明治以来農村を縛り付けてきた地主・小作制度が解体されたのである。世にいう農地解放である。

農村は明るい希望に満ちた新しい時代を迎えた。さあこれから食糧増産に取り組もうという機運と体制を整えつつあった矢先に、襲われたのがカスリーン台風の大被害であった。

【カスリーン台風】 昭和22年9月　関東地方を中心に東北地方に甚大な被害が発生した。死者1077名、行方不明者853名、住宅損壊9298棟。浸水38万4743棟、被災者40万人、耕地流出1万2927ヘクタール。

渡良瀬川、利根川の各所で堤防が破壊され洪水が起きた。とりわけ渡良瀬川水系での被害が大きく、群馬県で592人、栃木県で352人の犠牲者が出た。

渡良瀬川源流域に足尾銅山があり、周辺の山々は長年の木材乱獲と煙害によって荒廃し、戦争中はそれがさらに加速された。このことが洪水被害を拡大させた因果関係は否定できず、冠水した田畑では鉱毒被害にも苦しまなければならなかった。

　社会的には日本はアメリカの占領下にあったが、昭和25年から朝鮮戦争が始まり、戦争特需によって景気が上向き、昭和27年には占領下から独立することができた。社会は急速に復興した。31年には、経済白書で「もはや戦後ではない」と宣言するほどになった。

　大間々扇状地においても、急激な工業化が進んだのであるが代表的な事例を挙げてみる。

　新田郡尾島町出身の海軍機関大尉中島知久平は大正7年に海軍を退役して、太田町に中島飛行機を設立した。2年後に優秀な飛行機を製造し、陸海軍から大量の受注を得て会社の経営基盤を確立した。

　昭和12年に日中戦争になると、毎年倍々くらいの急成長を遂げた。戦争末期には全国25工場、従業員25万人というマンモス企業となった。

　その中心となったのが太田製作所（陸軍機）、小泉製作所（海軍機）であり、その中間に飛行場が設けられていた。この両工場はアメリカ軍爆撃機B29のターゲットとなり、徹底的に破壊された。

　中島飛行機は戦後小さな会社に分割・解体されたが、昭和22年には早くもスクーター「ラビット」を製造、発売しヒット商品になっていた。開発にあたったのは航空機設計技師たちであった。ラビットの車輪とタイヤには、爆撃機の尾輪が使われていた。

　昭和33年には軽自動車スバル360を世に出した。これは国産自動車としては画期的な車で日本初の国民車となった。日本最大の飛行機会社は自動車メーカとして復活した。後のスバルである。

　スバルの本社工場は、旧中島飛行機の太田製作所であり、この工場は太田市の東武線太田駅近くの中心市街地にある。

　一方、小泉製作所は昭和34年に三洋電機が進出し、翌年からテレビ、冷蔵庫、エアコン、トランジスタなどの生産を開始して、この工場も電気機器生産の中核工場に育っていった（この工場は現在パナソニックに引き継がれ

ている)。

　大間々扇状地でいえば、桐生がいち早く織物産業で工業化に成功、大正4年には高等染織学校(後の群馬大学理工学部)を誘致し、「西の西陣東の桐生」と謳(うた)われるほど興隆をきわめた。

　待矢場両堰下流に位置する太田市、大泉町は、純農村地帯から一大工業都市に変貌を遂げていた。館林市も食品加工工場を中心にして工業化が進んだ。これらの地は穀倉地帯であったから平地が広々としてしかも工業用水にも恵まれ、高速道路へのアクセスなど交通の便もよく、工場立地の条件に恵まれていた。

(2) 太田頭首工の竣工

　昭和30年代後半からの高度経済成長期以降、組合員数、水田受益面積とも年々減少傾向になってきた。農業も近代化と機械化により生産性が向上し、兼業化が進み、都市化・住宅化や転作政策などによって稲作農家が減少した。

　昭和40年代に入ると、ドルショックやニクソンショックなどにより経済環境が激変し、生糸や繊維製品の輸出が不振となり、農村における養蚕は産業としては衰退した。

　こうして太田市や大泉町を中心として、第1次産業(農林水産業)から第2次産業(製造業)、ないし第3次産業(サービス業)へと就業人口が大きくシフトしていった。

　待矢場両堰土地改良区においてはこの社会構造変化の趨勢(すうせい)から、組合員数・受益面積が減少し、土地改良区の運営のうえで対応を求められるようになった。

　検討の結果、「渡良瀬川沿岸農業水利改善促進協議会」が設立され、農水省が中心となって調査検討が進められ、昭和46年度に「国営渡良瀬川沿岸農業水利事業」が発足した。

　そして「国営渡良瀬川沿岸農業水利事業所」が太田市に開設され、続けて工事が着工された。

　実施地域は群馬県、栃木県にまたがる4市5町2村の渡良瀬川右岸と利根川との間に展開する扇状地で、群馬県にあっては東毛地域と呼ばれる穀倉地

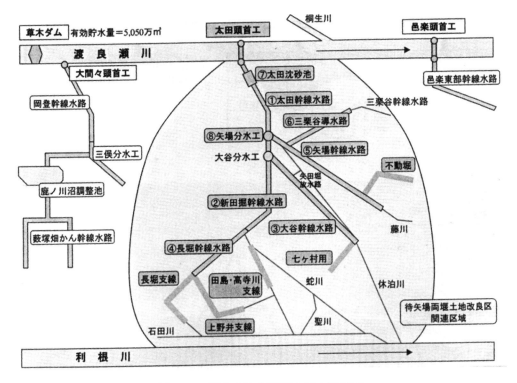

図13-1　現在の渡良瀬川の用水系統図

帯がその対象であった。

　事業計画の骨子は、農業水利施設老朽化や河床変動による不安定な取水状態を解消するための事業として、

① 　農業用水の安定的な取水を確保すること。
② 　農業経営の近代化の促進に貢献すること。
③ 　上流に築造された多目的ダムである「草木ダム」によって増強される水資源の有効活用を図ること。

などに置かれた。

　事業期間は、昭和46年度から昭和59年度までの13年間で、事業費は当初60億円を見込んだ。だが、直後のオイルショックや景観に配慮した工法の変更、国道50号バイパス建設との整合性を図るための工法変更などによって、当初計画の3倍の190億円へと膨らんでしまった。

　渡良瀬川からの取水口は上流から大間々頭首工、太田頭首工、邑楽頭首工の三つに統合された。一番大きいのは太田頭首工で、その灌漑地域は待矢場

両堰土地改良区と三栗谷用水土地改良区の両用水区域で、その面積は昭和59年の事業完了時で6640ヘクタールであった。

その取水量は最大毎秒21立方メートルという莫大な水量である。頭首工に隣接して建設された管理事務所には、水位計や流量計などの自動計器類と自動作動する水門が設置され、徹底的な自動化、省力化が図られた。

幹線用水路はすべてコンクリート化された。このことによって、それまで受益農民たちが毎年行っていた堀ざらいなど用水路の手入れは不要となった。

かつて一本木村（現桐生市広沢町7丁目）にあった新田堀水門は、水門の機能が不要となり、沈砂池としての役割と余水を落とす機能だけが与えられた。歴史ある矢場堰はその使命に終止符が打たれた。だが、待矢場両堰という名は残された。

近代化された三つの頭首工と用水路網が完成したことで、きわめて安定的な給配水が可能となり、今日に至っている。

この太田頭首工を管理運営するのは、太田市鳥山下町に事務所を置く「待矢場両堰土地改良区」である。令和5年の段階で組合員数7221名、受益面積3684ヘクタールである。

図13-2　太田頭首工

水と安全はタダではないと言われる。農業用水も例外ではなく、組合員の分担金は田畑の面積によって決まり、1000平方メートル（1反）あたり3000円である（令和5年度、「待矢場だより」より引用）。

（3）新田堀の今昔

筆者は渡良瀬川のすぐ近く、そして新田堀に隣接する地に生まれ育った。その筆者の目に映った新田堀を述べてみたい。生まれたのは昭和22年でいわゆる団塊世代である。

渡良瀬川の堤防は高さ3メートル、幅もかなりあり、立派な土手が築かれていた。土手の周辺は一面の松林で、堤防外側の一角に太田市の上水道水源地があった。

現在は安全保持の観点から部外者の出入りはできないが、当時は柵もなく地元の子どもたちに限っては出入り自由だった。そこは芝生が敷かれ広いスペースがあったから、野球や相撲、かくれんぼなどの絶好の遊び場だった。

　敷地には高さ３メートルほどの円錐型の水位計測場が３か所に設けられていて、子どもたちは出べそと呼んでいた。

図13-3　新田堀沈砂池

管理人もいたが、週に何回か太田市の職員が水位や水質確認にやってきた。時にはジープに乗った米兵が来たこともある。

　新田堀は農業用水だから、季節によって流れる水量が大きく変化した。地元の子どもたちは渡良瀬川か新田堀で水泳を覚えた。魚釣りも渡良瀬川と新田堀とでよくやったものだ。

　もっとも一般的な釣法は「ぼっかん」と呼ばれるものだった。道糸（織物工場で使っていた通じ糸）をくびれた石を見つけて巻き付けて重しとする。釣り針のついたハリスを結び、エサはミミズやトウモロコシに入った虫などを使った。夕方に、これを数本川に投げ込んでおいて翌朝あげに行く。糸を手繰り寄せる手ごたえのドキドキ感が、何ともいえない楽しみだった。もっともよく釣れたのはハヤ（ウグイ）である。ナマズや小ウナギなどもたまにあがってきた。

　ハヤは丁寧にから揚げや天ぷらに料理すれば美味しいのかもしれないが、子どもにとっては何とも骨っぽく、苦みがあって食用の対象ではなかった。

　ドジョウもよく獲った。道具はウケと呼ばれる直径15センチくらいの竹ヒゴでできた筒、片方は返しのついた入口、もう片方は縛って閉じておく。流れに乗って泳いできたドジョウはウケに入ると出られない。

　ドジョウは用水路の特性をよく知っていた。初秋になって水量が落ちると下流へ下り、池や湿った土壌の中に潜って冬を越す。春になって水が流れ出すと上流へ登り活動する。そのため春は下流に、秋は上流にウケの入口を向けて用水路に仕掛けておき、翌朝あげにいくと時に思わぬ大漁に恵まれた。

　だがドジョウも子どもにとっては少しドロ臭く、骨っぽくて美味しい食材

第2部　待矢場両堰

ではなかった。でも古来より、海から遠い内陸の人たちにとってはハヤも、ドジョウも貴重なたんぱく源だったのに違いない。

ところが、今やドジョウはほとんど見かけることのない栄養価の高い高級食材となり、柳川なべも幻の料理となってしまった。

渡良瀬川と新田堀を比較すると明らかに新田堀の方が魚影は濃かった。そういえばこういうこともあった。昭和30年代前半までは電源事情が安定せず、よく停電があった。家ではランプは必需品だった。

田畑の規模は小さかったが、家は織物業と農家兼業だった。停電になると織物工場は何もすることがなくなってしまう。何時復旧するかもわからない。晩秋の夕方停電時には「今日はこれで仕事は終わり」となって、数人の従業員総出で水を落とした新田堀で、ザルやバケツを手にしてドジョウ掬いをした。所どころに葦などが生えていてドジョウやフナがよく獲れた。用水と人が触れ合うことのできた、何とものどかな時代であった。

ウナギも沢山いたと推定された。だが、ウナギ釣りは特殊な仕掛けが必要なようで、子どもの手にあまった。時々大人の釣り人が石垣のすき間に特殊な仕掛けを差し込んでウナギ釣りをしている姿を見かけた。

ある時、新田堀水門の下流で1メートル近くの垂直に近い段差のある所で、鉛筆と線香の中間くらいの太さのウナギの稚魚が段差を乗り越えられずに、数百匹かそれ以上真っ黒に固まって泳いでいる姿を見た。何とも圧巻の光景だった。彼らは海から遡上途上でたぶん増水時にはこの崖を乗り越えることができ、上流の生息域へと遡上していったのだろう。

新田堀はゆったりとした流れの川だった。橋の袂には洗い場が設けられていて、野菜を洗ったり、農作業で汚れた足回りが洗えるようになっていた。

小学生高学年ともなると夏場に泳ぐこともできた。学校帰りにカバンや衣服を脱いで「家まで届けておいてくれ」と仲間や下級生に押しつけて、パンツ一丁で自分は新田堀を泳いで帰る猛者もいた。

それが昭和50年代に太田頭首工が完成し、新田堀幹線はすべてコンクリート製水路となった。すると水量も増えたし、流速が倍以上速くなった。落ちればオリンピックの水泳選手でも助からない勢いだ。今まで身近な遊び場のような新田堀がきわめて危険な川となった。

転落して犠牲になった子どもも何人か出た。そのため堀のある部分は蓋が

被せられて暗渠となり、両側には人が近づけないように厳重な金網の柵が設けられた。人と新田堀との距離は徹底的に遠ざけられた。

　この頃には田んぼの風景も変わってきた。見た目、稲の育つ田園風景は変わらない。だが、そこに生きる生物が決定的に消滅してしまったようだ。かつての水田は、驚くほど多種多様な生き物がいた。水生生物たちの楽園、揺りかごそのものであった。
　思いつくままに書き出すと、水中生物ではオタマジャクシとカエル、ドジョウ、ヤゴ（トンボの幼虫）、ゲンゴロウ、アメンボ、ヒル、タニシ、それらを狙ってヘビが出没する。稲にはクモ、カメムシ、バッタ、イナゴ、カマキリが生息し、時々白サギが田んぼに下りてエサを探していた。時には用水路からエサ探しに、ナマズやウナギなども田んぼに夜遊びに出没していたかもしれない。
　用水路がコンクリートになってハヤ、フナ、ナマズ、ウナギなどが住めなくなって姿を消した。田んぼは機械化が進み、化学肥料、除草剤・殺虫剤などを多投することで収穫量は増えたが、その代償として多くの生物が姿を消した。
　八王子丘陵も同じである。トカゲやカエル、ヘビなどの小動物が姿を消した。かつてどこにも生えていたジジババ（春蘭）も見られない。食用キノコなどもほとんど絶滅状態である。
　渡良瀬川もその土手周辺には一面の松林が広がっていたが、今ではほとんど松木は見ることができない。水辺の砂浜も消えた。生き生きとした川の勢いもない。河川敷にはイノシシが出没し、種のくっつく草（コセンダングサ）が至るところに跋扈し、人が容易には近づけない川となってしまった。
　その姿や機能は変わらぬが、渡良瀬川も新田堀も田んぼも人との距離が遠い存在、別の世界となってしまったようである。

第3部　ケーススタディー

14. 一本木村(いっぽおぎ)

　山田郡一本木村は由良家家臣荒山小左衛門によって、新田堀が本格的な開削を行った天正年代に立村されたと考えられる。新田堀はこの村の中央を流れ、その下手に設けられた新田堀水門（洗堰）の管理と安定した水の供給と配分、そしてその定量的記録を残すことが村の使命である。
「川の上流に住む者は下流の人々の安寧に資さなければならない」
　新田・桐生城の城主由良成繁からのお言葉を、使命感を以て実践した。
　与えられた土地は下広沢村と吉沢村の間、狭隘でしかも田畑とするには何とも条件の良くない地域であり、それまでほとんど手の付けられていない土地であった。
　土地が良くないとは次の３点に要約される。
① そもそも土地が狭隘であり発展性に乏しいこと。
② 渡良瀬川の河川敷のような土地で至るところで湧水があったこと。
③ 新田堀水門辺りから下流部は堰下と呼ばれ、桐生川が対岸から流入し氾濫を食い止めるために設けられた鬱蒼(うっそう)たる原野が広がり、手のつけられない土地であったこと。

　それ故にこの村は開墾によって、田畑の造成から始めたので苦労が絶えなかった。それでも新田堀と水門を守りながら営々たる努力を続けていった。
・慶長２（1597）年　東沢寺創建
・慶長３（1598）年　この年の村税は２貫173文

　立村しても、自分たちが生きていけるぎりぎりの状態が続いた。新田堀を守ることによって、そのお手当で何とか暮らしていけた。新田堀は一本木村にとっても、下流の新田郡の村々にとっても命の綱であった。
　ところで一本木村の村名である。一本木と書いて「いっぽおぎ」と読む。そのいわれは、古老の伝聞によれば次の次第だという。
　新田堀の水門近くに１本の朴(ほお)の大木があった。まるでマイルストーンのように目立った。それで「一朴木」を地名とした。だが文字が何となく馴染みにくいので一本木と改めた。呼び名はそのまま「いっぽおぎ」として残されたのだという。

だがこれはあくまでも伝聞なので真偽のほどはわからない。

（１）新田堀の恵み

　新田堀は農業用水であると同時に養魚場でもあった。一本木村の村民たちはその恩恵を享受して生きてきた。

　用水は水田の稲作のサイクルに従って水量を変えていく。春の４月より苗代や田植に備えて増水する。５月６月は田植のシーズンである。目いっぱいの水量を流す。８、９月と徐々に水量を落とし、11月以後は最低限の水量となる。

　堀は毎年冬季の農閑期に堀ざらいをしなければならない。併せて破損したり傷んだ土手の補修も行う。沿岸の恩恵を受ける村人総出の年中行事である。

　この一年の水量サイクルの中で、この堀に住む魚たちは育ち、やがて収穫されて人々の貴重なたんぱく源となる。ハヤ（ウグイ）、コイ、フナ、カジカ、ウナギ、ドジョウなど何でもよく育った。

　魚類のなかでもっとも商品価値の高いのはアユである。だが、アユは新田堀には生息しない。アユは清流に生息し、石や岩についたアカ（コケ）を主食として育つ。渡良瀬川はアユが育つ絶好の好条件を備えていた。大きな丸石がごろごろとして、溢れんばかりのアユが蝟集（いしゅう）していた。

　アユは別名年魚と言われ、１年を命のサイクルとして暮らす。晩秋に生まれた稚魚は、河口近くの海で冬を過ごす。春になると稚魚たちは一斉に川を遡上する。渡良瀬川の場合、100キロメートルの距離を登ってきてアカのついた石の周りを縄張りとして成長する。アユはその優美な姿から清流の女王と称えられる。

　だがアユは勇猛果敢な川の闘士でもあるのだ。豊富なコケのある、自分のエサ場となるエリアをテリトリーとして必死になって守る。侵入者（アユ）に対しては猛烈なアタック（体当たり）を食らわせて撃退する。

　アユは初夏から盛夏にかけて十分に成長し、秋の10月頃から成魚となったアユは川を下りはじめ、海に近い河口部で産卵して短い一生を終える。

　新田堀は渡良瀬川から、下広沢村の待堰で取水している。本流と堀の分水量の案分に従って、成長したアユは新田堀に流れ下る。この季節にはかなり水量を落としている。一本木村には水門があり、ここで村人が待ち受ければ

一網打尽に捕獲できた。いわば天然の簗(やな)である。

　アユの収穫期ともなると農作業は一時中断してでも、収穫・出荷作業にあたる。飼葉桶に収穫したアユを入れる。2桶を一荷として馬の背に乗せて運ぶ。

　最初に届けるのは決まって用水支配の水奉行様である。

「今年もお陰さまでつつがなく用水役務も務めることができました。良いアユが揚がりました」

「それはご苦労。来年も宜しく頼むぞ」

　奉行に届けておきさえすれば、用水のアユ漁に関して他村から文句をつけられることもない。一本木村のアユの収穫は、新田堀の保守管理と配水の役務に対する、天上の神から与えられたご褒美(ほうび)だったのである。

　新田堀の下流村の強戸・成塚・鳥山・寺井・小金井などの各村にも順次届ける。収穫したその日のうちに届けるから、これ以上生きのいいアユはない。

　各村とは例年のことで楽しみに待ってもらっている。馬の背一荷が米二俵と取引された。一本木村には貴重な現金・現物の収入であった。

（2）一本木村大火

　土とともに生きる農民たちにとって、早春の初午(はつうま)は特別な日である。

　田に豊作をもたらす稲荷神は山奥に住んでいる。稲荷神は春になると里に下りてきて田の神となり、秋の収穫後再び山に帰ると言い伝えられている。

　神が里に降臨する日を初午といい、五穀豊穣を祈願するのであった（実際の話、山の精である腐葉土やミネラルなどの養分が、水によって田に運ばれ稲が実る）。

　初午の日には、三々五々老若男女が東沢寺の横隣りにある賀茂神社に集まってくる。皆それぞれにクワや鎌、箒(ほうき)などを手にして、参道や境内を掃除してきれいに整える。

　神社の小さな祠(ほこら)にはお神酒や干魚、スルメ、あるいは稲穂や大根・イモなどの田の収穫物をお供えして、山の神に捧げる。一同が全員集まったところで、東沢寺の住職が祝詞(のりと)をあげて1年の無病息災と稲の豊作を祈願する。

　こうして豊作祈願祭が済むと、一同無礼講でお神酒を飲んで初午を神様とともに祝う。子どもたちにはお菓子やおまんじゅうが配られる。今年の農作業の計画やら田植の段取り、たわいのない世間話など話題は尽きない。ひと

時の酒宴が済んでから一同は散会した。村人たちは、初午神事が済んだ翌日から農作業に取り組むのを常とした。
　惨事が起きたのは亨和2（1802）年の旧暦2月14日、初午の夕刻のことであった。村の中ほどの家から火が出て風下にあった村の半数の家が焼ける大火となったのである。
　初午神事が無事終わり、夕方風呂を沸かした。祝いで気が多少緩んだのかもしれない。茅と稲や麦藁で葺かれた屋根に火が移り、折からの赤城おろしの強風にあおられて大火となった。
　財政的にあまり豊かではない小村にとって、大変な痛手の惨事となった。復旧には何年も何年もかかった。村人たちは防火の戒めとして、初午には決して風呂を沸かさないことを固く申し合わせた。

　時は移り、明治21年に一本木村は広沢村に合併された。神社は下広沢村の賀茂神社に合祀された。それから何年もしない明治25年、今度は東沢寺が火事で焼けた。寺宝の仏具や檀家の過去帳などはすべて焼けてしまった。
　この火事で一般住宅も類焼したようで、その再建が優先された。東沢寺が再建されたのは、実に31年後の大正12年のことであった。現在の本堂はこのとき建てられたものである。
　村では東沢寺裏山の唐沢山中腹にあらたに山之稲荷神社を建てた。標高100メートルくらいだろうか、寺の境内からつづら折りの参道を登って参拝する。
　今日ではかつての村、現在では広沢町7丁目には農家は存在しない。しかし、初午祭は毎年行われている大事な神事である。参拝者にはお神酒が振る舞われ、「火の用心」と書かれたお札が配られる。

（3）幕末から明治にかけて

　関ヶ原合戦に徳川家康に絹旗（軍旗）を奉納し、家康の命を受けた大野八右衛門によって桐生新町の町建てが行われた。桐生織物は盛んとなったが最初は高度な織法も染色法もなかったから、染色のない白絹しか生産できなかった。高い付加価値はつけられなかった。
　だが、江戸中期に京都西陣から先進技術を導入してメキメキ実力をつけて

きた。その三大要素は次の技術である。

① **高機の導入**　　元文3（1738）年　紗綾織などの紋織物が可能となった

② **水車式八丁撚糸器の発明**　　天明3（1783）年　大量の撚糸が安価に供給された

③ **先染糸による紋織物の生産**　　天明10（1790）年　彩色された高級織物が産出された

　この技術のうち、水車を動力とした八丁撚糸器は桐生のオリジナルな発明であった。養蚕と製糸は周辺の中山間地で盛んだったから、絹糸は大量に安く手に入る。絹糸の糸繰りと撚糸加工は、水車動力を使うからこれも大量に安く供給された。

　こうした先進技術をわが物とした桐生は、帯地、縮緬、緞子、金襴、お召といった多彩で値段の高い高級織物を産出し、大量に江戸へ出荷するようになった。

　江戸への出荷ルートは渡良瀬川―利根川を利用した水路ルートと、陸路のルートがあった。水路では水を被る恐れがあって、水に浸かってしまった絹織物は売り物にならず、そのため陸路が一般的な搬送ルートであった。

　そのルートは、桐生新町―松原の渡し―太田宿―熊谷宿―中山道―江戸であった。織物は馬の背に載せて運んだ。普通便で3日、急行便なら2日で江戸まで運ばれた。

　桐生織物が全盛を極めるのは文化・文政期（1804～1830年）である。家斉が徳川将軍であったことから大御所時代ともいわれ、とにかく景気が良かった。桐生織物の売上高70万両との記録も残されている。

　一本木村もこの好況の恩恵に預かった。馬による織物の運送である。受け持ちは松原の渡しから丸山宿まで（距離6キロ）、あるいは太田宿まで（距離12キロ）の二つであった。こうした宿から宿への馬の乗り継ぎで大事な荷物を運んだ。

　これはいい現金収入になった。忙しいときには複数回往復した。この時代になると江戸と桐生の間で人の往来が増えた。

　桐生梅田地区の奥まった所に根本山神社があった。ここは江戸幕府老中大老を務める井伊家の飛び地領であったことから、防火の神様として信仰を集

め、そのため根本山神社詣でが江戸で評判となっていた。あれやこれやで馬の運送業は繁忙を極めていた。

桐生織物興隆の恩恵は運送業だけではなかった。境野村、広沢村、一本木村など桐生周辺の村々でも織物生産が盛んになったのである。江戸時代初期には産業は農林業に限られていたが、工業やサービス業へと広がりを得て、経済的にも基盤の強いものになっていった。

当時（明治2年）の一本木村の絵図面が残されている。この図から読み取れる特徴をいくつか補足しておきたい。
- 狭隘な土地が村の村域である。石高69石、戸数44軒程度が軒を並べている。渡良瀬川を無理に広げて田畑を確保し、反対側は山裾を削って住宅を広げている。水田は僅かしかない。
- 太田―桐生街道が村を貫通し、人家はその両側に並んでいる。河岸段丘上の傾斜地であり、街道下は1.5メートルほどの段差が生じている。
- 新田堀は太田―桐生街道と並行して流れ、村の下流部に新田堀水門が設

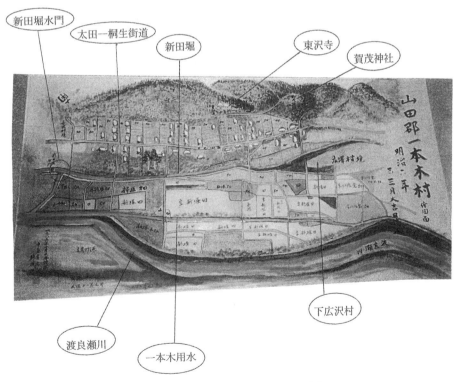

図14-1　一本木村絵図（明治2年）

けられている。水門の分流は矢場堰に流れ、さらに補強するために一本木用水が設けられている。
・渡良瀬川近傍の田は湧水があり、水抜きのためのため池が設けられている。ここが後の太田上水道水源地となった（昭和14年）。
・地勢上、渡良瀬川洪水の被害を受けやすい地であったことが容易に推察される。

（4）明治から昭和へ

　明治21年、一本木村は広沢村に統合された。するとちょうど中央の位置にある中広沢村（現広沢町4丁目）に村役場、広沢小学校が設立された。村長、村議会の制度も整えられ、学校運営を含む行政末端の自治制度ができた。

　一本木村は群馬県山田郡広沢村一本木となった。桐生の中心にある桐生新町は桐生町となり、ここに山田郡庁が置かれた。織物をベースにした経済的発展とともに、やがて桐生町は群馬県桐生市となって山田郡から独立し（大正10年）、郡制度の解消とともに各村は桐生市に順次統合されていった。広沢村が桐生市広沢町となるのは昭和12年のことである。

　そうした発展の過程の中で、一本木村に関する出来事を四つあげてみる。

①　山田郡の洪水と水害履歴

　昭和14年に刊行された山田郡史からの引用である。下広沢村や一本木村の水害が目立つ。地域住民は水害と長い闘いを続けてきたと想像される。

図14-2　山田郡地方渡良瀬川（含桐生川）洪水年表（山田郡史より）

年　月	西暦	洪水場所	年　月	西暦	洪水場所
寛永元年6月	1624	広沢用水堀口押崩	安政6年7月	1859	赤岩、桐生川
寛永2年6月	1625	**下広沢村堤決壊**	文久3年5月	1863	桐生川大洪水
元禄14年	1701	**下広沢村渡瀬川田畑**	明治2年7月	1869	新川出来る
元禄15年	1702	同　上	明治3年2月	1870	赤岩より新川に切
正徳3年6月	1713	**広沢一本木田畑流出**	明治5年9月	1872	須永にて3人押流
享保8年8月	1725	**幕使実地調査出張**	明治13年7月	1880	福岡村で橋流さ、
享保16、7月	1731	同　上	明治21年7月	1888	桐生川決壊今泉村
寛保2年8月	1742	堤防決壊　境野村	同	1888	新川氾濫
明和3年	1766	境野天神豪大川	明治22年7月	1889	下野借宿土手破壊

年　　月	西暦	洪水場所	年　　月	西暦	洪水場所
安永9年	1780	境野村へ水押入	明治23年7月	1890	新宿氾濫
天明6年7月	1786	決壊田畑砂入	同8月	1890	赤岩用水
寛政5年	1793	**広沢渡良瀬川堤決壊**	明治24年7月	1891	所々堤防決壊
享和2年7月	1802	（空　欄）	明治29年9月	1896	**一本木堤防全決壊**
文化9年6月	1812	**中広沢地300間流出**	明治31年9月	1898	**一本木砂山堤決壊**
同	1812	如来堂村田畑流出	明治35年7月	1902	高津戸橋危険
文政6、夏夏	1823	**下広沢村**	同9月	1902	境野三ツ堀浸水
文政7年7月	1828	新宿下堤決壊	明治39年7月	1906	小平川氾濫
文政11年7月	1828	赤岩渡船場水破る	明治40年8月	1907	**広沢村待堰付近**
弘化3年	1846	新川の川幅広げ	明治42年7月	1909	山田川橋梁流出
安政2年6月	1855	**松原渡船難破**	大正3年8月	1914	**広沢村待堰付近**
安政5年7月	1858	**矢場堰引入れ口決壊**	大正13年8月	1924	境野村約千坪破壊

②　明治29年の大水害

　足尾銅山と関連する水害は明治23年、29年に発生し、沿岸で暮らす人々に多大な被害を与えた。とりわけ29年は3度の水害に襲われ堤防と田畑は流され、甚大な被害となった。一本木村も例外に漏れず、ほとんど全滅する被害を受けた。

　明治初期に戸長をしていた岡田七三郎を中心に立ち上がり、山田郡や県からも助成を受けて、土手の大幅な改修工事が行われた。その経緯を記録した石碑が残されている。

　堤防碑

　渡良瀬之川発源于足尾足尾近年採銅之業盛起水源沿岸伐樹禿山故頻年水患決堤浸田加水害明治29年秋我邑決出派流失田十有余町至31年害益甚邑民不能安堵有志者深憂之状是謀于衆募金築堤以事上知事古荘君知事資之県会助国庫之金擢史之能者治之其制長千九百尺高11尺厚67尺而工費1万1千余円6閲月而就馬以防不則面　民物工事主任　群馬県属高柳虎三郎監督日雇江口彦次郎用係日岡田七三郎嗚呼使後之人知始作者の憂労而以時修築不至階決則将使邑人永受其利於　是乎記馬明治32年9月　山下充升撰并書題

　　　　　　　　　　　　　　群馬県山田郡一本木村衆庶建

（石碑の風化も進み判別しにくい部分もあり、文字の正確度は90パーセント強程度である）

第3部　ケーススタディー

　長さ600メートル、高さ3.3メートル、厚さ2～2.3メートルの堤防が築かれた。筆者らが子どものころ、釣りや水泳で渡良瀬川へ行くとき越えたのがこの堤防であった。

　この堤防は一面が松林になっていて、秋の季節には食用キノコのハツタケが収穫できた。

③　新田開発

　下広沢村と一本木村との境界付近は渡良瀬川の河川敷のような地帯で至るところから湧水し、小さな沼による湿地帯が広がっていた。前記明治31年の堤防造築を受けて、この一帯を新田に開発すべく機運が高まった。岡田保太郎が代表発起人となって、群馬県当局や待矢場両堰普通水利組合の了解を得て、明治43年から大正2年にかけて新田開発が行われた。

　この工事であらたに造成された新田は21町歩余で、1枚1反3畝（およそ400坪）の整理された、当時としては近代的な田んぼだったので、「整理田んぼ」と呼ばれた。

開田碑

　下広沢ノ地域タル山川相接ノ狭地ヲナシ加フルニ渡良瀬ノ河川時々増水氾濫シ貴重ナル耕地ヲ荒廃セシムルコト多ク住民ハ失地ノ回復ニ懸命ノ努力ヲ振ヒ農耕地ノ新設拡張ヲ念願スル急ナルモノアリ、明治43年土地ノ有志岡田保太郎率先シテ関係地主荻野嘉四郎、新井藤太郎、加藤伊勢松、加藤市太郎、坂本薗吉ノ諸氏等ト相謀リ渡良瀬河岸一帯ノ山林畑地ヲ開墾スルノ計画ヲ樹テ県ノ奨励ト先輩者、増尾小源次、平賀惣太郎、両氏ノ後援ヲ得テ耕地整理組合設立ノ準備ヲ進メ明治43年3月3日、待矢場両堰ノ普通水利組合ニ墾請シ用水引入ノ承認ヲ得同43年12月1日山田郡広沢村下広沢耕地整地組合ノ名称ヲ以テ県ヨリ設立認可ノ指令ニ接シ坂本吉之助ヲ工事請負者トシ開墾ノ業務ヲ開始ス同44年3月着工大正2年6月工事ヲ終了直チニ検地処分其他ノ手続ヲ進メ大正9年3月組合ノ業務一切ヲ完結セリ経費総額6500円整理面積21町5反8畝19歩、一反歩

図14-3　開田碑（右は鉱毒和解の碑）

ノ工費34円ヲ要シタリ爾来星霜閲スル、20有余年開墾当初ノ粗田ハ其後ノ栽耕ト相俟テ完全ナル熟田ト化シ耕作者ハ為ニ食糧ノ安定ヲ確保シ農業ノ経営亦円滑ニ進展シ地方民度ノ向上稗益スル所多シ（中略）先輩諸氏ノ残シタル功績ニ想到シ感謝ノ念ヲ新ニシ其偉績ヲ永遠ニ保存センガ為茲ニ記念碑ヲ確立ス

桐生市助役　荻野欽司　篆額
土地関係者　岡田和郎　撰文
赤陽散士　　大館憲氏　書之
唐沢　　　　植木博次　刻

④　太田町上水道水源地

　飛行機王中島知久平が大正7年に創業した中島飛行機は順調な発展を遂げていた。最初は太田の大光院相向かいにある呑龍工場で軍用飛行機を造っていたが、昭和9年に太田駅の近くに新工場が竣工した。この年、昭和天皇が行幸されこの新工場を視察された。

　昭和12年に日中戦争が始まると、飛行機は兵器ではあるが消耗品でもあるため、大増産が要求された。戦争前は年産300機程度だったものが、始まると一気に1000機を超え、更に大増産が求められた。そのため従業員数も周辺の人口も爆発的に急増していた。

　新田太田には有力な水源がなく、井戸水だけでは決定的に飲料水が不足していた。町の当局が八方手を尽くして調べた結果、広沢町7丁目―旧一本木村の渡良瀬川沿いの土地がベストで、ここしかないという結論となった。決め手は地下水と湧水が豊富だったことである。

　太田市史や太田市の広報からその経緯をまとめると次のようになる。

「…、結局は桐生市広沢地内の松林地帯が最適ということになった。ここは渡良瀬川堤防に膚接した土地で、汲めども尽きない良質の清水が、こんこんと湧いている絶好地。取水場3町8反の土地の買収や350ミリの導水管を他町村の道路下に埋めて太田町まで引水することなどの難問もあったが、関係者の努力で解決、1年半後の昭和14年9月には通水となった。大光院での放水試験では浄水場の水圧だけで、普通の消防ポンプの放水よりもはるかに高い60メートル程の高さに噴出したので関係者の感激は一方ならぬものが

あった。総工費55万円のこの水道設備は以後の町村合併で人口規模が3.7倍に拡大した昭和38年まで、増設の要がないほど充実していた」

図14-4　広沢新道開通式（大正９年）

「下流の人々のために資すること」という、一本木村立村の精神がここでも実践された。

　現在この辺りの渡良瀬川の沿岸一帯は、川の流れに沿って上流から太田市上水道水源地、桐生（広域下水道）水処理センター、太田市自然緑地公園と公共の施設が並んで設置されている。

（5）交通路の整備と町の発展

　明治22年両毛鉄道が開通した。小山―栃木―足利―桐生―伊勢崎―前橋をつなぐ鉄道である。目的は両毛地区で盛んだった生糸や桐生・足利・伊勢崎で盛んに生産された織物を輸送するための鉄道である。やがて熊谷―高崎を結ぶ高崎線と連結され、この地方の交通の要となった。

　この鉄道の開通により、渡良瀬川や利根川の水運や、陸路の馬による輸送は次第に鉄道に切り替えられていった。

　明治末年に東武鉄道が利根川を越え、館林―足利へと伸延した。大正２年に足利―太田―薮塚―桐生間が開通し、新桐生駅が旧上広沢村に置かれた。

　東武線開通が機縁となって渡良瀬川に錦桜橋が架橋され、桐生町と新桐生駅が道路で結ばれた。

　さらに、太田―桐生街道を伸延して広沢村の田園地帯の中央を走る、広沢新道が大正９年に開通し、新桐生駅へ通じた（現県道122号線および国道50号バイパスの一部）。

　この道路建設には土地買収、工事費など当時のお金で３万円余ほどの経費が生じたが、そのほとんどが地元住民と、広沢地区および桐生の織物業者の寄付金でまかなわれた。

　この幹線道路の開通によって、広沢地区の近代化は緒についた。さらに昭

和16年12月、広沢町の中央部に昭和橋が架橋され、桐生の町なかと橋で結ばれた。

　そして昭和50年代には国道50号バイパスが旧一本木村の田んぼのド真ん中を通って広沢町から笠懸町、伊勢崎市、前橋市へと走り、松原橋も太田頭首口の取水口下に架橋され、今日に至っている。

　田中角栄元首相の日本列島改造論ではないが、鉄道（近年は新幹線）や国道（同じく高速道）の整備やアクセスは、その地域の発展に決定的な影響を与える。広沢に生まれ育った筆者には実感として理解できた。

15. 渡良瀬川

　これまで渡良瀬川水系について、主として農業用水と地域やそこに生きる人々との関わりについて述べてきた。だが、河川と人の関わりは農業だけではなく、あらゆる生活手段と密接に関係している。
　本章では今まで触れていなかった面、以下の3点からいかに地域の人々が水の恩恵を受けて生活しているかを述べてみたい。
　⑴　産業と工業用途
　⑵　水力発電
　⑶　上下水道

（1）産業と工業用途

　10章で江戸時代の知識・文化人である高山彦九郎と渡辺崋山の紀行文を引用して、彼らが見た大間々扇状地を紹介した。その中から、桐生の町なかの情景をどう見たか、重複する部分もあるがあらためて引用してみる。

・高山彦九郎　時代は安永4（1775）年桐生新宿村の様子
　「左右の人家皆糸織を以て業とす。家の前小溝流る水車を以て綱を家に引き入れて糸を繰る。奇異なる業なり、人の身なりもむさしからず、わきて女は絹織る業を以て戸外に出る事稀なれば色つやもまた悪しからず」

・渡辺崋山　時代は天保2（1831）年　雷電山（現桐生水道山公園）から桐生新町を一望して次のように記した。
　「この地は四方みな山、僅かに南に開けて人道を通じるのみならず、渡瀬川も桐生川も左右より流れ出て、この山間を経て下野に至り、利根川に合流する。渡瀬川は深山より流れ出て暴流は例えようなし。その点、桐生川は分流よろしく枝流田園街にあまねく、水車そこはかとなくかけ渡し、繰り糸の労を省く」
　「山上古木によりてながむるに、ただ人煙と山気と凝りて半天に幕を掛けたるごとし、いとものしづかなる中に水車と機声とうちまじりわがこころ

甚たのしむ」

　桐生は江戸後期に至ると、帯やお召、縮緬、金襴、緞子など高級織物を織り出して、大量に江戸へ出荷していた。江戸での販売に関する限り、京都西陣に肉薄するかあるいは圧倒していた。
　高度な織物生産には大量の良質な水が必要不可欠である。
　京都西陣は鴨川と桂川が流れていた。フランスの代表的な絹織物産地であるリオンには、セーヌ川とローヌ川が流れている。
　崋山の文章にもある通り、桐生には渡良瀬川と桐生川があった。農業用水も兼ねて町中至るところに用水が流れていた、いわば水の町であった。
　では絹織物製造のどの工程で水を使うのだろうか？
　大量の水を使うのは染色の工程である。織物の染色には二つの方法がある。糸を先に染めてから織りあげる方法で先染め糸織法と呼ぶ。他は白糸で織り出してから後で友禅や捺染などの方法で色染めする。色染めの過程でも仕上げの工程でも大量の良質の水を使う必要がある。
　縮緬(ちりめん)という手の込んだ高級織物は、糸に強く撚(よ)りをかけてから織る。この過程で糊をきかせて糸を撚る。この糸で織りあげてから水またはお湯を使って糊を洗い流す。すると糸には元に戻ろうとする力が働いて独特の凹凸（シボ）ができる。これが縮緬独特の風合いである。この工程を精錬という。
　織物と水の関わりでさらに重要なのは動力としての利用である。ここで水車が登場する。
　水動力としての水車は一般に農村で古くから利用されてきた。米の精米、小麦の製粉、大麦の割麦など、人が加工する何倍もの能力を発揮する。
　人の動力としての能力を1とすると、馬の能力（馬力）は数人分から10倍くらいの能力を持つ。農業用の水車はおそらく馬以上の能力を持たせる必要がある。
　織物に利用する水車はそれほど大きな仕事能力は必要ない。人の能力の2～3倍程度の力で十分だ。その代わり、速度や仕事量にバラツキが少なく

図15-1　桐生新宿の織物用水車(明治時代)

平坦であることと、必要に応じて動作のオン/オフ切替が可能であることが必要である。

そのため織物用水車は小型水車で、上げ（動作オフ）下げ（オン）機能付きのものが工夫された。桐生の場合、町中至るところにある用水路を利用して、江戸時代後半には数百台の水車が稼働していたと推測される。織物用水車は次の二つの用途に利用されていた。

① 糸繰り用水車

大枠に巻き取られた糸を用途に応じて小型の糸巻き―横糸用ボビンなどに移し替える作業である。織物の準備工程である。

② 撚糸用水車

元々八丁撚糸器というのがあって、一般には人が手で回して稼働させる。桐生では岩瀬吉兵衛という大工が水車で駆動できる水車式八丁撚糸器を実用化した。

この水車動力の糸繰り器と八丁撚糸器を大量に稼働させたことが、桐生織物が成功を収めた大きな理由の一つである。

どれくらいの能力かを試算してみよう。手動式撚糸器はふつう2人で作業する。1人でもできなくはないが、糸切れの場合は作業を止めなければならない。水車式なら1人が糸切れ対応作業にあたるだけで十分だ。人は疲れるが水車は疲れ知らずである。水車動力で人の2倍の能力、しかも1人が省力化できるので合わせて4倍の能力（率）向上となる。

高級な縮緬織物は織元の注文により、単位長さ当たりの撚り回転数により、強・中・弱の撚糸があり、かつ右・左撚りと、自在に撚糸を供給できた。桐生織物の強みの源泉であった。

（2）水力発電

水の工業用途の利用について明らかにするために、桐生織物の話をもう少し続ける。

横浜港が開港し海外貿易が開始されると、群馬産を始めとする生糸は横浜へ運ばれ、桐生織物は生糸が手に入らず窮地に陥った。

それを救ったのは輸入綿糸の活用であった。日本の綿糸に比べて機械製糸のため細い糸に仕上げられており、横糸に使うと大きく風合いを損なうこと

なく使えることがわかった。それで絹綿交織織物で急場をしのぐことになった。

やがて明治に入ると10年代に松方デフレという一大不況期があり、織物の売上が見る見る間に落ちてきた。桐生の織物業者と買継商がタッグを組んで輸出用羽二重という商品を開発し、これが大いに当たり、苦境を脱することができた。その後、羽二重は輸出絹織物の日本を代表するエースとして外貨獲得に大いに貢献した。

逆に、繻子織物という分野では輸入繻子が日本市場を席巻し、国内の織物業者と問屋、呉服屋は危機感を強めていた。

> ・繻子織物とは
> 織法の一つ。経・横糸の比を大きくとる。堅牢さに欠けるが生糸の風合いがより生かされ、光沢と肌触りが格段に優れる。そのためふつう黒地などに染められ、襟足、袖口、着物の肌に近い裏地などに大量に使われた。
>
> ・輸入繻子（南京繻子）
> 欧米資本により中国工場で生産された繻子織物が大量に輸入され、日本市場を席巻していた。欧米は機械製織、化学染色を使って大量生産されたのに対し、日本はまだ手織の時代、関税自主権もない不平等条約下にあったから、為すすべがなかった。

この南京繻子を駆逐するために、桐生の佐羽吉右衛門という豪商が発起人となり、地元の機業家、東京の問屋や呉服屋など多くの出資者を募り、「日本織物株式会社」を立ち上げた。明治20年のことで、資本金は50万円という当時としては途方もない金額だった。

明治5年創立の富岡製糸場が日本最初の器械製糸工場なら、日本織物は織物部門の富岡製糸場版ともいえる位置づけの民間工場であった。

・日本織物株式会社のプロフィル…世界一流の近代織物工場を目指した。
① すべて最新式の動力織機を用いた繻子織物生産の一貫工場であった。
② 動力は渡良瀬川から水路を開削して水車タービン方式とした。水力発電も備え、その電力は工場内の夜間照明に使った。

第3部　ケーススタディー

図15-2　日本織物株式会社

③　製織工場は17連のノコギリ屋根工場とした。屋根の外観は美観を兼ね備えた切妻型で手の込んだ設計となっている。
④　両毛線桐生駅を簡易鉄道で結び、材料の搬入、製品出荷の合理化を図った。
⑤　製品は「織姫繻子」と名づけ、歌舞伎座の演目にして宣伝に力を入れた。

　工場が竣工直前に、明治23年渡良瀬川の大洪水でタービン用水路が損壊し、工場も床下浸水の被害を受けた。こうした苦難を乗り越え、操業して数年で輸入繻子を駆逐することができた。
　日本織物株式会社が先鞭（せんべん）をつけた水力発電が水力発電普及の契機となって、桐生地区の電気の供給が加速された。渡良瀬川水系の水力発電史を要約してみよう。

・日本織物株式会社で水力発電を開始する。明治23年11月。
　工場内の電気照明に使った。織機を動かす機械動力は水力タービンであ

る。
- 明治27年　桐生電灯合資会社設立（資本金3万円）。
日本織物株式会社の余剰電力を桐生町内の1000軒に給電した。
- 明治39年5月　渡良瀬水力電気株式会社設立（資本金20万円）。
渡良瀬川高津戸発電所から桐生、足利地区に電力を供給。
500馬力、発電能力350kW、6600ボルト、60サイクル。
- 明治43年　貴船第二発電所稼働（資本金50万円）。
度重なる水害や落雷などにより、供給電力は安定せず、関係者は苦労を重ねた。
- 大正元年　渡良瀬水力電気（株）と利根発電（株）の合併（資本金213万円）。
第1次世界大戦（大正5年）の頃から供給電力も安定するようになった。それまで60サイクルの供給電力だったが、合併を機に50サイクルに統一した。桐生・足利地区の織物工場は、このあたりから動力織機が一気に普及してさらなる発展を遂げた。

- **現在の渡良瀬川水系の発電**

下記に現在の渡良瀬川水系の水力発電能力をまとめてみた。

図15-3　渡良瀬川水系の主な発電所とその最大出力

NO	発電所	位置、構造、内容	最大発電能力
1	沢入発電所	導水管で黒坂石ダムに給水して発電	1万1000kW
2	東発電所（本・第2）	草木ダム発電	2万540kW
3	田沢発電所	小黒川から地下トンネルで田沢川へ	2000kW
4	小平発電所	地下トンネルで10.7キロ導水	3万6200kW
5	高津戸発電所	東、小平と連携して安定水量を保持	5300kW
6	桐生川発電所	桐生川ダム発電	470kW
			合計8万0370kW

さらに付け加えると、2021年度の日本の発電内訳（資源エネルギー庁データ）は次の通りである。

必要発電総量1億2500kWの内訳…石炭31%、天然ガス37%、石油6%（化石燃料中計74%）、原子力6%、水力7%、太陽光10%、その他（風力、地熱、

バイオマス）となっている。

　発電の1次エネルギーは依然として化石燃料が過半を占めていて、カーボンニュートラルへの道は険しいと言わざるを得ない。

　渡良瀬川水系は発電用途ばかりでなく、農・工業用水、沿岸都市住民の上下水道用にと、さまざまに酷使されてとどの詰まりは首都圏への水がめとしての役割も担っている。発電は渡良瀬川に課せられた役務のあくまでもOne of themに過ぎなかった。

（3）上下水道の普及

　日本の水道は戦国時代に小田原城の城主北条氏康が、早川から城下に水を引いた小田原早川上水がよく知られている。江戸時代には江戸の都市建設のため、神田上水、玉川上水が計画的に敷設された。

図15-4　赤城山と渡良瀬川（昭和橋で撮影）

　水道は大きくは上水道（飲用）、中水道（飲用以外の洗浄や風呂用など）、そして生活排水などを処理するための下水道とに分けられる。新田用水も江戸時代を通じて農業用水のみならず、幹線水路に限れば上水または中水などの、生活用水として使われてきたと想像される。

　だが河川水、湧水や地下水あるいは井戸水は、各種のバクテリアや大腸菌を含み、あるいはコレラ菌や赤痢菌などによる感染症に対してきわめて不衛生であった。

　日本の近代的上水道は大正時代より大都市を中心にして、本格的に普及し始めた。近代的上水道とは、河川の表層水または地下水から引水し、ゴミや不純物を除去（浄水）し、塩素殺菌したうえで、鉄管またはプラスチック管などで各家庭に配水するものである。無論、雑菌や不純物などが基準値を超えないよう品質管理された上水が配水される。

　渡良瀬川水系では昭和時代に入って、都市住民から水道水が配水されるようになった。

・足利市　昭和6年に上水道竣工
　・桐生市　昭和7年に　　〃
　・太田町　昭和14年に　　〃

　最初は市や町の市街地から給水を始めたが、逐次市域全域に広げられていった。

　かつては家庭から出る糞尿は、貴重な肥料としてムダなく利用されてきた。田園地帯では農道に小さなため池が設けられ、糞尿が運ばれて熟成されることで発酵して良質の肥料となった。あるいは米麦の藁と混ぜて積んでおくとこれまた良質の堆肥となって利用された。
　現在ではそのようなことはできず、多くは下水道として水処理センターで浄化されて河川に戻される。あるいは合併浄化槽として家庭、あるいは地域で浄化される。
　現時点における渡良瀬川水系における上・下水道の状況について概観的に整理を行った（図15-5）。
　われわれ現代人がいかに水の恩恵を享受して、文化的生活しているのか認識を新たにしたいと思う。

　これまで見てきたように渡良瀬川は、①農業用水としての利用、②水力発電として利用、③上下水道としての利用、④その他にも工業用水などの利用など，多方面に渡って私たちの生活を支えてくれている。
　渡良瀬川は渡良瀬遊水地を経出して、古河市の下流で利根川と合流している。だがそれでお役目御免というわけではない。利根大堰から一部が取水され、東京都民の上水道として利用されている。さらに利根川下流の田園および水郷地帯を潤す役割も担っている。
　私たちの文化生活は、渡良瀬川の存在を抜きにしては成り立たないほど深く関わっている。しかも流れに沿って何度も繰り返して利用されている。

　渡良瀬川にもしも命があると仮定して考えてみよう。私たちは渡良瀬川の生命力を奪いながら文化生活を享受していないだろうか。
　川は本来天から受けた降雨をあるがままに、自由に水量を変えながら流れ

るものである。川の流れやその河相は深場、トロ場、岩場、ガンガンの急流、浅瀬と変化に富んでいた。

　ところが、私たちが渡良瀬川にいくつもの役務を課して、自分たちの都合で水量をコントロールしている。そのため、川の流れは平坦で単調なものになってしまっている。

　そのことで次のような弊害が出る。

・川の汚れや石の水アカなどは、適度な周期で大水が出ることで流されてあらたに再生するが、その自然浄化作用が著しく低下する。
・川の自然の流れは酸素に富んだ温かい水が流れる。ダムの存在は酸素の希薄な冷たい水となる。しかも川は分断される。そのため水中の藻類、昆虫、魚類に悪影響を与える。
・浅い平坦な流れは、カワウの絶好の狩場となり、魚類の逃げ場がなくなっている。

　その結果、河川が本来持っているダイナミックな息吹が感じられずあたかも腑抜けたような水の流れになってしまっている。渡良瀬川は声には出さないが悲鳴をあげているように見える。
　本来川にも命がある、あるいは多様な生物の命を育んでいる。願わくは渡良瀬川の命を尊重し、より愛情を持って接することはできないものだろうかと思う。

沿線都市	上水道（取水地等）	下水道（末流等）
桐生市	①渡良瀬川元宿 ②桐生川梅田	①境野水処理センター⇒渡良瀬川 ②広沢　　〃　　　⇒　〃
みどり市	群馬県東部水道企業団 取水は渡良瀬川みどり市区域	桐生市広沢水処理センターで共用
太田市	同上群馬県東部水道企業団 （邑楽町・板倉町・明和町・大泉町・千代田町も同企業団）	太田市古戸水処理センター 　　　石田川経由で利根川へ
館林市	同上群馬県東部水道企業団	館林市堀工町水処理センター 　　　谷田川経由で利根川へ
足利市	渡良瀬川およびその支流から取水 取水はすべて地下水で賄う	足利市鵤木町水処理センター 　　　小河川を経由して渡良瀬川へ
佐野市	野上川・秋山川などの渡良瀬川支流より取水、ほとんど地下水	佐野市植木町水処理センター 　　　秋山川を経由して渡良瀬川へ

図15-5　渡良瀬川沿岸都市の上下水道

あとがき

　赤城山南東部に広がる大間々扇状地を一つの歴史舞台に見立て、この舞台で起こった主な出来事や登場した人物を時系列に従って並べてみた。日本史にも取り上げられる大きな出来事も少なくないことがわかり、この地に生きる者として郷土に対してあらためて誇りと愛着の念を強くした。

　筆者が生まれ育ったのは旧一本木村というところで、生家は新田堀（用水）に接する地にあった。物心つく頃から遊び場は新田堀や渡良瀬川、あるいは八王子丘陵であった。まだ公立幼稚園はなく、学習塾など縁もなく、放課後は毎日青空自由学園で学（遊）んだ。水泳も魚釣りもキノコ採りもここで覚えた。その楽しみを知ったためか渓流釣りやアユ釣りは40代前半まで、キノコ採りに至っては70代の今日まで毎年楽しむことができている。

・新田堀がどういう歴史的経緯を経て造営され、維持と管理運営されてきたのか？
・一本木村は桐生54か村で飛びっきりの小村で、江戸中期まで30石、後半期に至ってようやく69石という石高でしかなかった。この小村はどのようにして生き残ってきたのか？

　かねてよりそれらの疑問を解いてみたいと思っていた。

　生家は江戸初期よりこの地に住み、家は築200年超という茅葺屋根の家だった。小学生時代、私の仕事の一つが雨戸の立て・閉めだった。10枚あった雨戸はスムーズには走ってくれない。手に触れる板がささくれ立ってもいる。特に朝、戸袋に収納するのだが、最初の１枚を手抜きすると最後の１枚が入らず、全部最初からやり直しとなった。冬の寒い朝に何度も泣かされた。

　祖父は山田郡農会の農業技師をしていた。家には新田堀や一本木村に関する資料や記録があったと思われるが、祖父は私が生まれる前年に死に、家も成人になる前に壊されたので残念ながら私の目に触れることはなかった。

　また10年前に母親が死んだとき、必要があって関係する戸籍謄本を取り寄せた。それで初めて認識したのであるが、明治期以後の（おそらくそれ以前も）わが家の縁戚関係は、（旧）小金井村・成塚村・下浜田村・東金井村・鶴生田村・富若村などほとんどすべて新田・太田にあった。おそらくは新田

堀が結んでくれた縁だったのだと思う。

　私が感じていた疑問解明と若干の先祖供養の気持ちを込めて本書「赤城山大間々扇状地と渡良瀬川用水」に取り組んだ。

　現在に生きる私たちは目にする今の世界しか見ていない。ところが過去の歴史的経緯や因果と関連づけて考察すると、それまで見えなかったものが見えてくることがある。今回の取り組みで多くのことを学んだし、今まで不可解と思っていたことが、やっと得心がいったという思いを強くした。そうしたことが歴史に学ぶことの意義なのだろう。大間々扇状地に暮らす多くの人が本書を手にして、そんなことを感じていただけたら取り組んだ筆者としてうれしくありがたいことだと思う。

　最後に、本書を執筆するにあたり多くの郷土史関係資料、書籍、文献を参考にしてきました。個々に具体例は挙げませんが、それら先人の業績に対して敬意を表し、ここにまとめて感謝と御礼を申し上げます。

著者紹介

岡田　幸夫
（おかだ　ゆきお）

1947年　群馬県桐生市生まれ
1970年　東北大学工学部電子工学科卒業
半導体メーカの技術開発部門に従事

500坪の畑に年間30種の野菜を育てている。
晴耕執筆をモットーに歴史、自然、環境、健康などを考える生活を実践している。

主な著書
　『エンジニア百姓事始』（農産漁村文化協会）
　『零戦から超LSIへ』（鳥影社）
　『西の西陣、東の桐生』（正・続　上毛新聞社）
　『天まで響け八木節音頭』（上毛新聞社）
　『渡辺崋山作 国宝「鷹見泉石像」の謎』（郁朋社）
　『勝って兜の緒を締めよ！』（元就出版社）

赤城山大間々扇状地と渡良瀬川用水

2024年9月30日　初版第1刷発行

著　者　岡田　幸夫

発　行　上毛新聞社営業局出版編集部
　　　　〒371-8666　群馬県前橋市古市町1-50-21
　　　　TEL 027-254-9966

©Okada Yukio 2024
ISBN978-4-86352-359-3

定価はカバーに表示してあります。
本書の無断転載・複製は禁じます。
落丁・乱丁本はお取替えいたします。